one unit a day

가장 쉬운
초등 필수 파닉스
실전 연습

하루 한 장의 기적

Samantha Kim, Anne Kim 지음

📖 동양북스

저자 Samantha Kim

숭실대 영문과, 뉴욕주립대 TESOL 석사.
현재 학부모와 영어교사들을 대상으로 교수법을 강의하면서
유초등 어린이 영어학원을 운영하고 있으며,
경험과 이론을 바탕으로 다양한 영어 교재를 집필하고 있다.

저자 Anne Kim

한양대 교육학, 숙명여자대학교 TESOL 석사.
연령과 시기에 따라 필요한 영어교수법을 연구 중에 있으며,
그러한 노하우를 담아 집필활동과 강의를 하고 있다.

초판 3쇄 2022년 6월 10일

지은이 Samantha Kim · Anne Kim | **발행인** 김태웅 | **기획 · 편집** 황준 | **디자인** MOON-C design | **마케팅 총괄** 나재승 | **제작** 현대순

발행처 (주)동양북스 | **등록** 제 2014-000055호 | **주소** 서울시 마포구 동교로 22길 14 (04030) | **구입 문의** 전화 (02)337-1737 팩스 (02)334-6624 |
내용 문의 전화 (02)337-1763 dybooks2@gmail.com

ISBN 979-11-5768-612-4 63740

머리말

✿ 파닉스 규칙을 완전히 내 것으로 만들 수 있을까요? ✿

파닉스 규칙을 아는 것과 아는 것을 넘어서 적용하는 것은 다른 문제입니다.
수영하는 법을 알아도 자신의 몸에 완전히 익히기까지 시간이 걸리듯이
규칙을 알아도 실제 읽으려면 반복된 읽기 연습 과정이 필요합니다.

✿ 유창한 읽기Reading Fluency가 왜 중요한가요? ✿

빠르고 유창하게 읽을 수 있어야 글의 의미를 제대로 파악할 수 있습니다.
만약 소리 규칙에 익숙하지 않아 천천히 철자를 쪼개서 읽어야 한다면
분석Decoding에 집중한 나머지 뜻을 정확하게 이해하는 독해력Comprehension이
떨어집니다. 이해력을 높이려면 빠르고 유창하게 읽을 수 있어야 합니다.

✿ 단어 읽기 연습이 왜 중요한가요? ✿

규칙을 배우고 단어 읽기부터 시작해서 차근차근 소리 내어 연습합니다.
처음엔 느리겠지만 반복된 연습은 읽기에 자신감을 주고 속도를 높여 줍니다.

✿ 문장 읽기 연습 어떻게 해야 할까요? ✿

처음부터 문장을 읽을 수는 없습니다. 단어부터 시작해 단어가 여러 개 모인 구,
그리고 문장 읽기 순으로 점진적 연습이 필요합니다. 읽을 때는 큰 소리로, 감정을 넣어, 의미를
이루는 구 단위로 끊어 읽기, 따라 읽기 등의 연습을 통해 문장 읽기를 연습합니다.

✿ 왜 하루 한 장의 기적일까요? ✿

읽기는 하루아침에 완성되지 않습니다.
매일 하루 한 장씩 꾸준히 읽기 연습을 하다 보면 점차 읽는 속도가 빨라지고,
규칙을 생각하지 않아도 저절로 읽게 됩니다. 그래서 하루 한 장의 기적입니다.
차근차근 연습하다 보면 어느새 유창한 읽기를 하고 있는 자신을 발견하게 될 것입니다.

이 책의 구성 및 활용법

❋ **영어 읽기 유창성을 키워주는 초등 필수 파닉스를 한 권에 쏙!**

이 책은 읽기에 자신감을 키워주는 음가 리딩을 충분히 연습할 수 있도록 기획되었습니다. 단어, 구, 문장 읽기의 체계적인 연습을 통해 영어 읽기 유창성Reading Fluency을 효과적으로 키울 수 있습니다. 읽기 유창성이 높아지면 이해력이 향상되기 때문에 읽기 능력 향상에 필수적입니다.

❋ **하루 한 장 초등 필수 파닉스 문장 연습을 해봐요.**

▶ 하루 2개 또는 3개의 파닉스 음가를 흥미로운 사진과 함께 단어를 제시했습니다.

원어민 선생님이 녹음한 음성파일을 잘 듣고, 그림을 보면서 3번 이상 따라 말해 봅니다. 읽기 유창성을 키우기 위해서는 여러 번 말해 보는 것이 필수입니다. 꼭 여러번 소리내어 읽어 보세요.

◀ 파닉스의 음가를 익히고 나서 다양한 연습 문제를 통해 제대로 이해 했는지 점검하고 모르는 것은 확실히 익힐 수 있도록 했습니다.

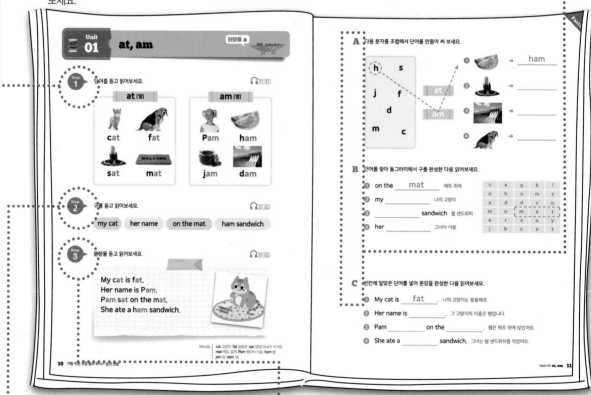

▶ 구 연습하기에서는 빈도수가 높은 표현을 4개씩 제시했습니다. 문장을 읽기 전에 구를 충분히 익히면 좀더 쉽게 문장을 읽을 수 있습니다. 의미를 생각하면서 원어민 선생님의 발음을 듣고 3번씩 따라 읽어보세요.

▶ 목표 음가가 포함된 문장을 읽으면서 영어 읽기에 자신감을 키울 수 있습니다. 그림을 보면서 원어민 선생님의 발음을 듣고 3번씩 따라 읽어보세요.

✿ 리뷰를 통해 배운 내용을 확인해 봐요!

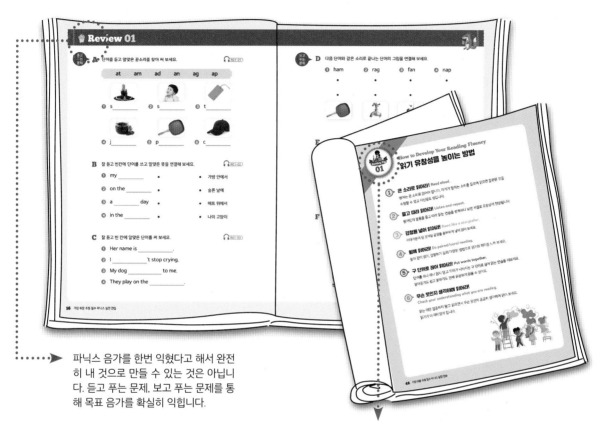

파닉스 음가를 한번 익혔다고 해서 완전히 내 것으로 만들 수 있는 것은 아닙니다. 듣고 푸는 문제, 보고 푸는 문제를 통해 목표 음가를 확실히 익힙니다.

Tip 유창한 영어 읽기에 도움이 되는 여러 가지 꿀팁들을 제시했습니다.

✿ 특별부록

하나 알파벳 첫소리 발음 차트 Alphabet Beginning Sounds Chart
Beginning Sounds를 복습할 수 있도록 음가와 함께 단어를 차트로 제시했습니다.

둘 사이트 워드 목록 Sight Words List
영어 읽기에 꼭 필요한 사이트 워드 목록을 활용법과 함께 제시헀습니다.

셋 스토리 카드 Story Card
휴대하기 편한 스토리 카드로 언제 어디서나 문장 읽기를 연습해볼 수 있습니다.

Part 3 이중 · 삼중자음의 소리를 연습해요 Double, Triple Consonants Sounds

Part 4 이중모음의 소리를 연습해요 Double Vowels Sounds

Part 1

단모음의 소리를 연습해요.

Short Vowels Sounds

단모음 a	at	am	ad	an	ag	ap
단모음 e	ell	ed	eg	et	en	em
단모음 i	ig	id	ip	ill	it	in
단모음 o	op	og	ob	ot	ox	
단모음 u	ug	um	ub	ut	ud	up	un

단모음 a

Step 1 단어를 듣고 읽어보세요. 01-01

at [앹]

cat   fat

sat   mat

am [앰]

Pam   ham

jam   dam

Step 2 구를 듣고 읽어보세요. 01-02

my cat   her name   on the mat   ham sandwich

Step 3 문장을 듣고 읽어보세요. 01-03

My cat is fat.
Her name is Pam.
Pam sat on the mat.
She ate a ham sandwich.

Words | cat 고양이 fat 뚱뚱한 sat 앉았다(sit의 과거형)
mat 매트, 깔개 Pam 팸(여자 이름) ham 햄
jam 잼 dam 댐

A 다음 문자를 조합해서 단어를 만들어 써 보세요.

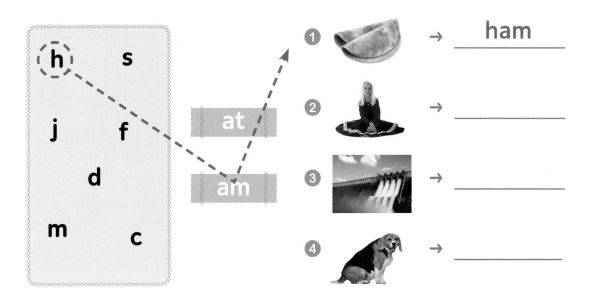

h   s

j   f

d

m   c

at

am

① → ham

② → _____

③ → _____

④ → _____

B 단어를 찾아 동그라미해서 구를 완성한 다음 읽어보세요.

① on the _____mat_____ 매트 위에

② my _____ 나의 고양이

③ _____ sandwich 햄 샌드위치

④ her _____ 그녀의 이름

t	e	g	k	l
n	h	a	m	s
a	d	d	v	o
m	n	m	a	t
e	r	a	u	y
j	b	c	a	t

C 빈칸에 알맞은 단어를 넣어 문장을 완성한 다음 읽어보세요.

① My cat is _____fat_____. 나의 고양이는 뚱뚱해요.

② Her name is _____. 그 고양이의 이름은 팸입니다.

③ Pam _____ on the _____. 팸은 매트 위에 앉았어요.

④ She ate a _____ sandwich. 그녀는 햄 샌드위치를 먹었어요.

Unit 02

ad, an

ad [애ㄷ]

dad   **s**ad

bad   **l**ad

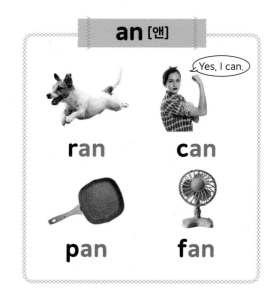

an [앤]

Yes, I can.

ran   **c**an

pan   **f**an

| a sad day | my dad | stop crying | ran to |

Today is a sad day.
I want to play with my dad,
but I can't.
I can't stop crying.
My dog ran to me. Now I feel good.

Words | dad 아빠 sad 슬픈 bad 기분 나쁜
lad 소년 ran 달렸다(run의 과거형)
can 할 수 있다 pan 팬 fan 선풍기

A 다음 문자를 조합해서 단어를 만들어 써 보세요.

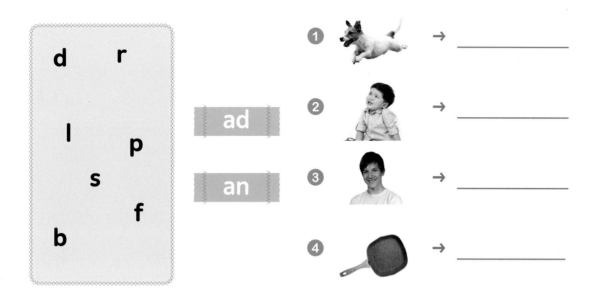

d	r
l	p
s	f
b	

ad

an

❶ → _____

❷ → _____

❸ → _____

❹ → _____

B 단어를 찾아 동그라미해서 구를 완성한 다음 읽어보세요.

❶ _____ crying   ~을 멈추다

❷ my _____   우리 아빠

❸ a _____ day   슬픈 날

❹ _____ to   ~에게 달려갔다

b	e	d	t	d
t	s	a	d	q
u	u	p	r	s
g	r	e	a	t
d	a	d	n	o
s	i	t	p	p

C 빈칸에 알맞은 단어를 넣어 문장을 완성한 다음 읽어보세요.

❶ Today is a _____ day.   오늘은 슬픈 날이에요.

❷ I want to play with my _____, but I can't.

아빠하고 놀고 싶었는데, 그럴 수 없었어요.

❸ I _____'t stop crying.   눈물이 멈추지 않았어요.

❹ My dog _____ to me. Now I feel good.

우리 강아지가 나에게 달려왔어요. 이제 기분이 좋아졌어요.

Unit 03

ag, ap

단어를 듣고 읽어보세요. 🎧 03-01

ag [애ㄱ]

bag   **t**ag

wag   **r**ag

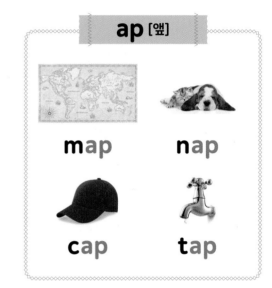

ap [앺]

map   **n**ap

cap   **t**ap

구를 듣고 읽어보세요. 🎧 03-02

his tail   in the bag   on the map   take a nap

문장을 듣고 읽어보세요. 🎧 03-03

Tom w**ag**s his tail.
Pam hides in the b**ag**.
They play on the m**ap**.
Now they take a n**ap**.

Words | bag 가방 tag 꼬리표
wag 개가 꼬리를 흔들다 rag 누더기
map 지도 nap 낮잠 cap 모자 tap 수도꼭지

A 다음 문자를 조합해서 단어를 만들어 써 보세요.

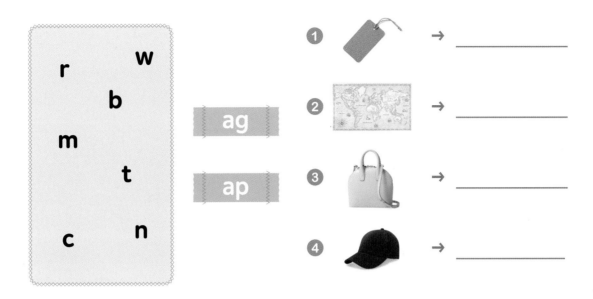

r w
b
m
t
c n

ag

ap

❶ → _____

❷ → _____

❸ → _____

❹ → _____

B 단어를 찾아 동그라미해서 구를 완성한 다음 읽어보세요.

❶ his _____ 그의 꼬리

❷ _____ a nap 낮잠을 자다

❸ on the _____ 지도 위에서

❹ _____ the bag 가방 안에서

t	a	l	l	i
q	t	d	s	n
g	a	f	t	h
h	i	c	a	b
l	l	x	k	n
m	a	p	e	k

C 빈칸에 알맞은 단어를 넣어 문장을 완성한 다음 읽어보세요.

❶ Tom _____ s his tail. 톰은 꼬리를 흔들어요.

❷ Pam hides in the _____. 팸은 가방에 숨어요.

❸ They play on the _____. 그들은 지도 위에서 놀아요.

❹ Now they take a _____. 이제 그들은 낮잠을 자요.

듣고
푸는
문제

A 단어를 듣고 알맞은 끝소리를 찾아 써 보세요.   🎧 R01-01

| at | am | ad | an | ag | ap |

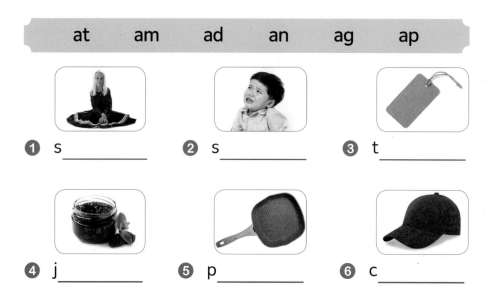

1 s_____   **2** s_____   **3** t_____

4 j_____   **5** p_____   **6** c_____

B 잘 듣고 빈칸에 단어를 쓰고 알맞은 뜻을 연결해 보세요.   🎧 R01-02

1 my _____   •   •   가방 안에서

2 on the _____   •   •   슬픈 날에

3 a _____ day   •   •   매트 위에서

4 in the _____   •   •   나의 고양이

C 잘 듣고 빈 칸에 알맞은 단어를 써 보세요.   🎧 R01-03

1 Her name is _____.

2 I _____'t stop crying.

3 My dog _____ to me.

4 They play on the _____.

D 다음 단어와 같은 소리로 끝나는 단어의 그림을 연결해 보세요.

❶ dam ❷ wag ❸ pan ❹ tap

• • • •

• • • •

E 그림을 보고 알맞은 단어를 골라 구를 완성해 보세요.

❶ take a _____
nap / wag

❸ my _____
dad / bad

❷ _____ sandwich
ham / dam

❹ _____ to
fan / ran

F 그림을 보고 문장을 완성해 보세요.

❶ ❷ ❸

My dog _____ to me.

Now they take a _____.

She ate a _____ sandwich.

Unit 04 — ell, ed

단모음 e

 Step 1 단어를 듣고 읽어보세요.　　🎧 04-01

ell [엘]

bell　yell

dell　fell

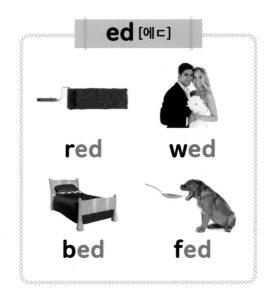

ed [에ㄷ]

red　wed

bed　fed

 Step 2 구를 듣고 읽어보세요.　　🎧 04-02

| lived in | put on | fed the reindeers | rang the bell |

 Step 3 문장을 듣고 읽어보세요.　　🎧 04-03

Santa lived in the dell.
He put on a red coat.
He fed the reindeers.
He rang the bell and said,
"Let's go."

Words | bell 종　yell 소리지르다　dell 작은 골짜기
fell 떨어졌다(fall의 과거형)　red 빨간색　wed 결혼하다
bed 침대　fed 먹이를 주었다(feed의 과거형)

A 다음 문자를 조합해서 단어를 만들어 써 보세요.

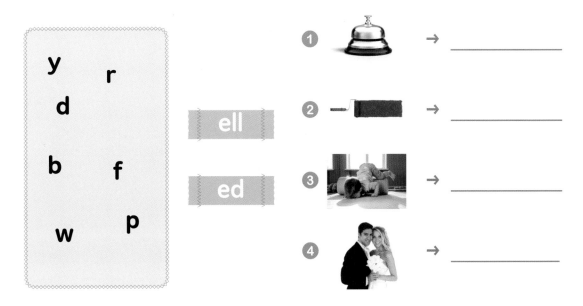

y
r
d
b
f
w
p

ell
ed

① → _____

② → _____

③ → _____

④ → _____

B 단어를 찾아 동그라미해서 구를 완성한 다음 읽어보세요.

① _____ in   ~에 살았다

② _____ the reindeers

사슴들에게 먹이를 주다

③ put _____   옷을 입었다

④ rang the _____   벨을 울리다

b	l	x	z	o
e	d	i	e	n
l	i	v	e	d
l	k	v	n	e
c	f	e	d	h
v	s	q	w	o

C 빈칸에 알맞은 단어를 넣어 문장을 완성한 다음 읽어보세요.

① Santa lived in the _____.   산타할아버지는 작은 계곡에 살았어요.

② He put on a _____ coat.   그는 빨간색 코트를 입었어요.

③ He _____ the reindeers.   그는 사슴들에게 먹이를 주었어요.

④ He rang the _____ and said. "Let's go."   그는 종을 울리고 말했어요. "가자"

Unit 05

eg, et

Step 1 단어를 듣고 읽어보세요. 05-01

eg [에ㄱ]

leg　beg

Meg　Greg

et [엩]

jet　wet

net　vet

Step 2 구를 듣고 읽어보세요. 05-02

like a jet　　to a thief　　his leg　　in a net

Step 3 문장을 듣고 읽어보세요. 05-03

My pet's name is Greg.
Greg is fast like a jet.
Greg ran to a thief and bit his leg.
I caught him in a net.

Words ｜ leg 다리 beg 애원하다 Meg 메그(여자 이름)
Greg 그렉(남자 이름) jet 제트기 wet 젖은
net 그물 vet 수의사

A 다음 문자를 조합해서 단어를 만들어 써 보세요.

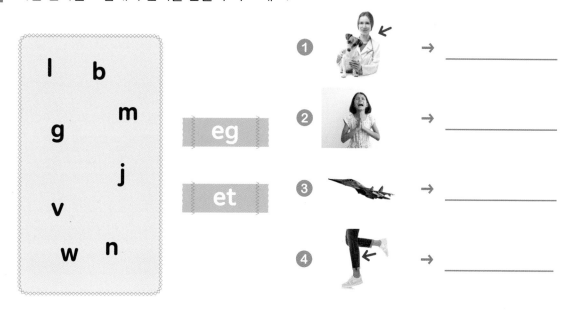

l b

m

g

j

v

w n

eg

et

① → _____

② → _____

③ → _____

④ → _____

B 단어를 찾아 동그라미해서 구를 완성한 다음 읽어보세요.

① in a _____ 그물로

② _____ a jet 제트기처럼

③ to a _____ 도둑을 향해

④ his _____ 그의 다리

t	l	e	g	x
w	b	a	e	t
v	h	q	i	h
b	e	p	e	i
o	l	i	k	e
n	e	t	r	f

C 빈칸에 알맞은 단어를 넣어 문장을 완성한 다음 읽어보세요.

① My pet's name is _____. 우리집 애완견 이름은 그렉이에요.

② Greg is fast like a _____. 그렉은 제트기처럼 빨라요.

③ Greg ran to a thief and bit his _____.

그렉은 도둑을 향해 뛰어가 그의 다리를 물었어요.

④ I caught him in a _____. 나는 그를 그물로 잡았어요.

Step 1

단어를 듣고 읽어보세요.

06-01

en [엔]

den hen

men ten

em [엠]

gem hem

stem them

Step 2

구를 듣고 읽어보세요.

06-02

in the den   one day   many gems   buy a house

Step 3

문장을 듣고 읽어보세요.

06-03

Three men lived in the den.
One day, they saved a hen.
The hen laid many gems.
They sold them and could
buy a house.

Words | den 굴 hen 암탉 men 남자들
ten 10 gem 보석 hem (옷의) 단
stem 줄기 them 그것들을

A 다음 문자를 조합해서 단어를 만들어 써 보세요.

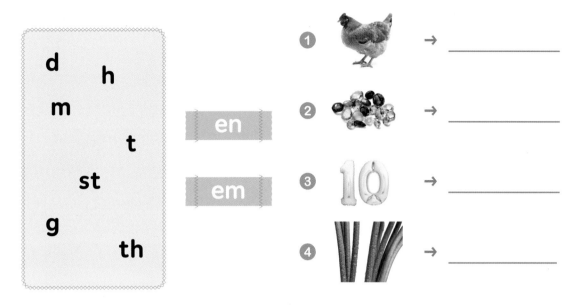

d h
m
t
st
g
th

en

em

① → _____

② → _____

③ → _____

④ → _____

B 단어를 찾아 동그라미해서 구를 완성한 다음 읽어보세요.

① one _____ 어느날

② in the _____ 굴속에서

③ many _____ s 많은 보석들

④ _____ a house 집을 사다

p	u	h	u	u
d	w	g	e	m
y	e	s	f	v
d	e	n	t	b
b	r	d	c	u
d	a	y	h	y

C 빈칸에 알맞은 단어를 넣어 문장을 완성한 다음 읽어보세요.

① Three men lived in the _____. 세 남자가 굴속에 살았어요.

② One day, they saved a _____. 어느 날, 그들은 암탉을 구해주었어요.

③ The _____ laid many _____ s. 그 암탉은 많은 보석을 낳았어요.

④ They sold _____ and could buy a house.

그들은 그것들을 팔아서 집을 살 수 있었어요.

A 단어를 듣고 알맞은 끝소리를 찾아 써 보세요. R02-01

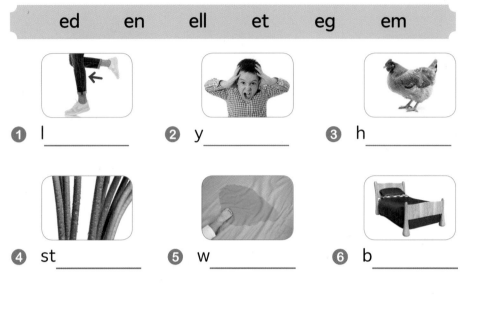

| ed | en | ell | et | eg | em |

❶ l_____   ❷ y_____   ❸ h_____

❹ st_____   ❺ w_____   ❻ b_____

B 잘 듣고 빈칸에 단어를 쓰고 알맞은 뜻을 연결해 보세요. R02-02

❶ _____ the reindeers •   • 도둑을 향해

❷ to a _____ •   • 사슴들에게 먹이를 주었다

❸ _____ on •   • 집을 사다

❹ buy a _____ •   • 옷을 입었다

C 잘 듣고 빈 칸에 알맞은 단어를 써 보세요. R02-03

❶ Greg is fast like a _____ .

❷ Three men lived in the _____ .

❸ He put on a _____ coat.

❹ They sold _____s and could buy a house.

D 다음 단어와 같은 소리로 끝나는 단어의 그림을 연결해 보세요.

1 leg   **2** yell   **3** wet   **4** men

•   •   •   •

•   •   •   •

E 그림을 보고 알맞은 단어를 골라 구를 완성해 보세요.

1 like a _____
    wet / jet

3 rang the _____
    fell / bell

2 in a _____
    vet / net

4 many _____s
    stem / gem

F 그림을 보고 문장을 완성해 보세요.

1

The _____
laid many gems.

2

I caught him in a
_____.

3

He rang the
_____.

Unit 07

ig, id

 Step 1 단어를 듣고 읽어보세요.

 07-01

ig [이ㄱ]

big **pig**

fig **dig**

id [이ㄷ]

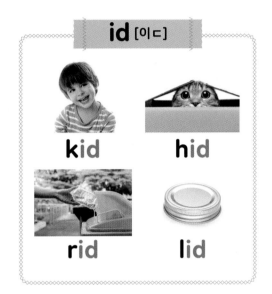

kid **hid**

rid **lid**

Step 2 구를 듣고 읽어보세요.

07-02

| hid the fig | in the ground | a big pig | like to dig |

Step 3 문장을 듣고 읽어보세요.

 07-03

A kid hid the fig in the ground.
A big pig likes to dig.
He started to dig to find it.
Oh! A mole found the fig
and ate it.

Words | big 큰 pig 돼지 fig 무화과 dig 파다
kid 아이 hid (hide 숨기다의 과거형)
rid 없애다 lid 뚜껑

26 가장 쉬운 초등 필수 파닉스 실전 연습

A 다음 문자를 조합해서 단어를 만들어 써 보세요.

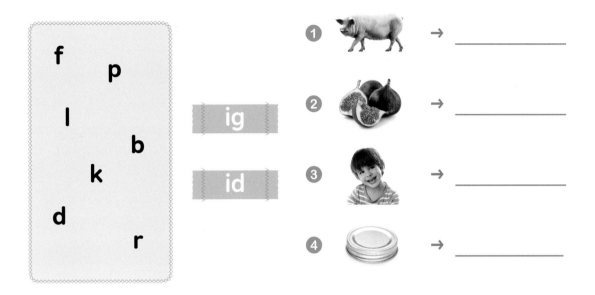

f
p
l
b
k
d
r

ig

id

1 → _____

2 → _____

3 → _____

4 → _____

B 단어를 찾아 동그라미해서 구를 완성한 다음 읽어보세요.

1 like to _____

(땅을) 파는 것을 좋아하다

2 hid the _____ 무화과를 숨겼다

3 _____ the ground 땅 속에

4 a _____ pig 큰 돼지

k	y	u	p	o
l	d	i	g	j
f	a	c	q	a
i	b	b	i	g
g	d	e	i	l
n	m	o	n	o

C 빈칸에 알맞은 단어를 넣어 문장을 완성한 다음 읽어보세요.

1 A _____ hid the fig in the ground. 아이가 무화과를 땅 속에 숨겼어요.

2 A big _____ likes to dig. 큰 돼지는 땅 파는 것을 좋아해요.

3 He started to _____ to find it.

돼지가 무화과를 찾으려고 땅을 파기 시작했어요.

4 Oh! A mole found the _____ and ate it.

오! 두더지가 무화과를 발견해서 먹었어요.

 Step 1 단어를 듣고 읽어보세요. 08-01

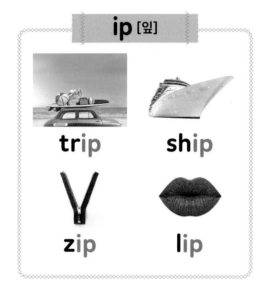

ip [잎]

trip ship

zip lip

ill [일]

fill Jill

spill ill

Step 2 구를 듣고 읽어보세요. 08-02

go for a trip take a ship fill your water bottle be careful

Step 3 문장을 듣고 읽어보세요. 08-03

Jill! Let's go for a trip.
We are going to take a ship.
Fill your water bottle with
hot cocoa.
Be careful! Don't spill your cocoa.

Words | trip 여행 ship 배 zip (지퍼를) 잠그다
lip 입술 fill 채우다 Jill 질(여자 이름)
spill 흘리다 ill 아픈

A 다음 문자를 조합해서 단어를 만들어 써 보세요.

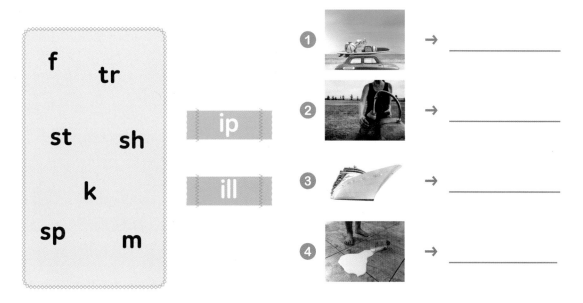

f
tr
st   sh
k
sp   m

ip

ill

❶ → _____

❷ → _____

❸ → _____

❹ → _____

B 단어를 찾아 동그라미해서 구를 완성한 다음 읽어보세요.

❶ take a _____ 배를 타다

❷ go for a _____ 여행을 가다

❸ _____ your water bottle

너의 물통을 채우다

❹ _____ careful 조심하다

f	i	l	l	k
c	m	e	t	w
s	j	b	h	k
h	n	e	f	v
i	p	g	q	x
p	t	r	i	p

C 빈칸에 알맞은 단어를 넣어 문장을 완성한 다음 읽어보세요.

❶ _____ ! Let's go for a trip. 질! 여행가자.

❷ We are going to take a _____ . 우리는 배를 타고 갈 거야.

❸ _____ your water bottle with hot cocoa.

네 물통에 뜨거운 코코아를 채워라.

❹ Be careful! Don't _____ your cocoa. 조심해! 코코아를 쏟지 말아라.

Step 1 단어를 듣고 읽어보세요.

🎧 09-01

it [잍]
sit	hit
split	fit

in [인]
bin	pin
chin	fin

Step 2 구를 듣고 읽어보세요.

🎧 09-02

on the bin　　pop the balloons　　with a pin　　hit the ball

Step 3 문장을 듣고 읽어보세요.

🎧 09-03

Jack and Jill sit on the bin.
Jack pops the balloon with a pin.
Jill is surprised so she hits
the ball.
The ball hits Jack. "Ouch!"

Words | sit 앉다　hit 치다　split 나누다
fit 맞다　bin 통　pin 핀
chin 턱　fin 지느러미

A 다음 문자를 조합해서 단어를 만들어 써 보세요.

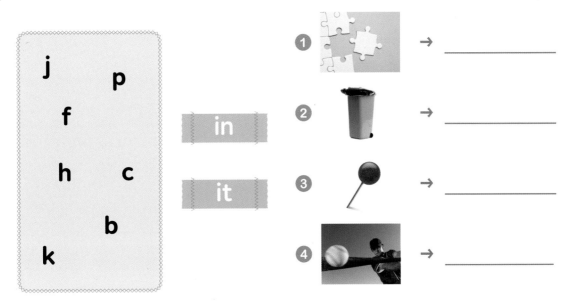

j p f h c b k

in

it

1 → _____

2 → _____

3 → _____

4 → _____

B 단어를 찾아 동그라미해서 구를 완성한 다음 읽어보세요.

1 with a _____ 핀을 가지고

2 on the _____ 통 위에

3 _____ the ball 공을 치다

4 _____ the balloons

풍선을 터뜨리다

l	j	h	i	t
p	h	s	e	y
o	g	p	p	u
p	b	i	n	n
d	w	n	v	m
c	q	z	b	h

C 빈칸에 알맞은 단어를 넣어 문장을 완성한 다음 읽어보세요.

1 Jack and Jill _____ on the bin. 잭과 질은 통 위에 앉아요.

2 Jack pops the balloon with a _____. 잭이 핀으로 풍선을 터뜨려요.

3 Jill is surprised so she _____s the ball. 질이 깜짝 놀라서 공을 쳤어요.

4 The ball _____s Jack. "Ouch!" 공이 잭을 쳤어요. "아야!"

A 단어를 듣고 알맞은 끝소리를 찾아 써 보세요. R03-01

| ig | id | ip | ill | it | in |

① l_____   ② d_____   ③ sp_____

④ r_____   ⑤ b_____   ⑥ s_____

B 잘 듣고 빈칸에 단어를 쓰고 알맞은 뜻을 연결해 보세요. R03-02

① go for a _____   •   • 땅 속에

② take a _____   •   • 공을 치다

③ _____ the ball   •   • 여행을 가다

④ in the _____   •   • 배를 타다

C 잘 듣고 빈 칸에 알맞은 단어를 써 보세요. R03-03

① A big _____ likes to dig.

② We are going to take a _____.

③ Jill is surprised so she _____ s the ball.

④ Jack and Jill sit on the _____.

D 다음 단어와 같은 소리로 끝나는 단어의 그림을 연결해 보세요.

❶ zip   ❷ fit   ❸ chin   ❹ fill

•   •   •   •

•   •   •   •

E 그림을 보고 알맞은 단어를 골라 구를 완성해 보세요.

❶ with a _____

pin / bin

❸ hid the _____

fig / big

❷ _____ your water bottle

Jill / fill

❹ a big _____

dig / pig

F 그림을 보고 문장을 완성해 보세요.

❶

Don't _____ your cocoa.

❷

A mole found the _____ and ate it.

❸

Jack pops the balloon with a _____.

단모음 o

단어를 듣고 읽어보세요. 🎧 10-01

op [앞]

pop **m**op

stop **h**op

og [어ㄱ]

dog **l**og

frog **j**og

Step 2
구를 듣고 읽어보세요. 🎧 10-02

on the log   want to hop   with the dog   stop the frog

Step 3
문장을 듣고 읽어보세요. 🎧 10-03

My frog is hopping on the log.
He wants to hop with the dog.
My dog doesn't like to hop
on the log.
So she said, "Stop the frog!"

Words | pop 터트리다 mop 대걸레
stop 멈추다 hop 깡충깡충 뛰다 dog 개
log 통나무 frog 개구리 jog 조깅하다

A 다음 문자를 조합해서 단어를 만들어 써 보세요.

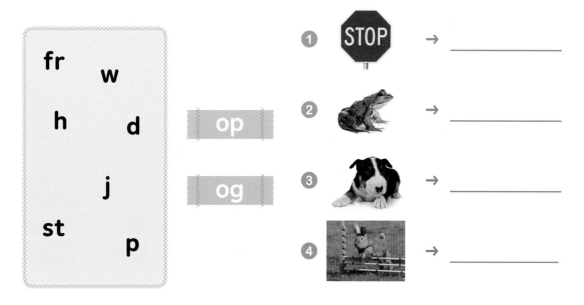

fr
w
h
d
j
st
p

op
og

① → _____

② → _____

③ → _____

④ → _____

B 단어를 찾아 동그라미해서 구를 완성한 다음 읽어보세요.

① on the _____ 통나무 위에

② want to _____

깡충깡충 뛰고 싶다

③ stop the _____ 개구리를 멈추다

④ with the _____ 개와 함께

t	a	r	h	h
l	o	g	p	o
w	c	i	w	p
d	f	r	o	g
o	v	b	d	n
g	t	m	x	z

C 빈칸에 알맞은 단어를 넣어 문장을 완성한 다음 읽어보세요.

① My _____ is hopping on the log. 내 개구리는 통나무 위에서 뛰고 있어요.

② He wants to _____ with the dog. 개구리는 개와 함께 뛰고 싶어요.

③ My _____ doesn't like to hop on the log.

내 개는 통나무 위에서 뛰는 것을 좋아하지 않아요.

④ So she said, " _____ the frog!" 그래서 개는 "개구리를 멈춰라!"라고 말했어요.

Step 1 단어를 듣고 읽어보세요. 11-01

ot [앝]	ob [압]	ox [악스]

dot   **hot**

pot   **spot**

Bob

job

fox

box

Step 2 구를 듣고 읽어보세요. 11-02

the fox's name   corn soup   try to touch   do not touch

Step 3 문장을 듣고 읽어보세요. 11-03

The fox's name is Bob.
He is hungry.
There is corn soup in the pot.
Bob tries to touch the hot pot!
"Bob! Do not touch the pot. It's hot!"

Words | dot 점 hot 뜨거운 pot 냄비
spot 점, 반점 Bob 밥(남자 이름)
job 직업 fox 여우 box 상자

A 다음 문자를 조합해서 단어를 만들어 써 보세요.

k
d
p
j
b
s
v

ot
ob
ox

1 → _____

2 → _____

3 → _____

4 → _____

B 단어를 찾아 동그라미해서 구를 완성한 다음 읽어보세요.

1 corn _____ 옥수수 스프

2 try to _____ 만지려고 하다

3 the _____'s name 여우의 이름

4 _____ not touch 만지지 않다

e	q	d	o	p
f	g	u	d	j
o	j	k	l	k
x	s	o	u	p
z	a	n	v	c
t	o	u	c	h

C 빈칸에 알맞은 단어를 넣어 문장을 완성한 다음 읽어보세요.

1 The _____'s name is Bob. He is hungry.

여우의 이름은 밥이예요. 그는 배가 고파요.

2 There is corn soup in the _____. 냄비에 옥수수 수프가 있어요.

3 _____ tries to touch the hot pot! 밥은 뜨거운 냄비를 만지려고 해요.

4 "Bob! Do not touch the pot. It's _____!"

"밥! 냄비를 만지지마. 뜨거워!"

Step 1

단어를 듣고 읽어보세요.

🎧 12-01

ug [어ㄱ]

rug   mug

bug   hug

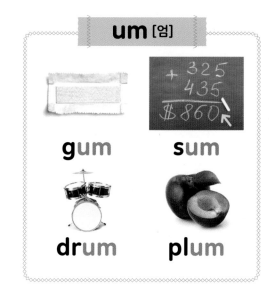

um [엄]

gum   sum

drum   plum

Step 2

구를 듣고 읽어보세요.

🎧 12-02

see a bug   dad's mug   bug tea   gum on the rug

Step 3

문장을 듣고 읽어보세요.

🎧 12-03

Can you see a bug in dad's mug?
No! My dad is drinking bug tea!
He is sitting on a rug.
Oh! There is gum on the rug.

Words | rug 러그(양탄자) mug 머그잔
bug 벌레 hug 껴안다 gum 껌
sum 합계 drum 드럼 plum 자두

A 다음 문자를 조합해서 단어를 만들어 써 보세요.

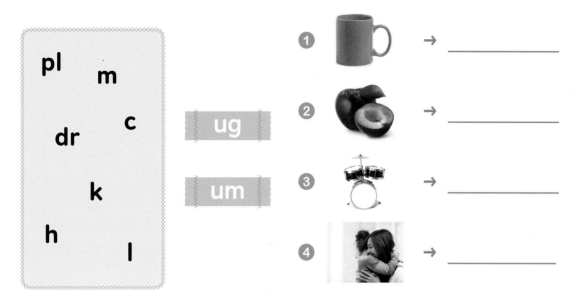

pl m c dr k h l

| ug |
| um |

① → _____

② → _____

③ → _____

④ → _____

B 단어를 찾아 동그라미해서 구를 완성한 다음 읽어보세요.

① dad's _____ 아빠의 머그잔

② _____ on the rug 러그 위에 껌

③ bug _____ 벌레 차

④ see a _____ 벌레를 보다

b	u	g	u	g
d	e	j	i	u
c	m	o	l	m
q	u	p	s	a
n	g	z	t	y
o	e	t	e	a

C 빈칸에 알맞은 단어를 넣어 문장을 완성한 다음 읽어보세요.

① Can you see a bug in dad's _____ ? 아빠의 머그잔에 벌레가 보이나요?

② No! My dad is drinking _____ tea! 안돼! 우리 아빠가 벌레차를 마시고 있어요!

③ He is sitting on a _____ . 아빠는 러그 위에 앉아 있어요.

④ Oh! There is _____ on the rug. 오! 러그 위에 껌이 있어요.

Unit 13 — ub, ut, ud

단모음 u

Step 1 단어를 듣고 읽어보세요. 🎧 13-01

ub [업]

rub   tub   cub

ut [엍]

cut   hut   nut

ud [어ㄷ]

mud

bud

Step 2 구를 듣고 읽어보세요. 🎧 13-02

crack the nut   in her paw   in her hut   put mud

Step 3 문장을 듣고 읽어보세요. 🎧 13-03

A cub cracks the nut with a knife.
Ouch! She has a cut in her paw.
A pup takes her in her hut.
Her mom put mud on her cut.

Words | rub 문지르다 tub 욕조 cub (곰, 사자 등의) 새끼
cut 자르다, 상처 hut 오두막 nut 견과류
mud 진흙 bud 싹, 꽃봉오리

A 다음 문자를 조합해서 단어를 만들어 써 보세요.

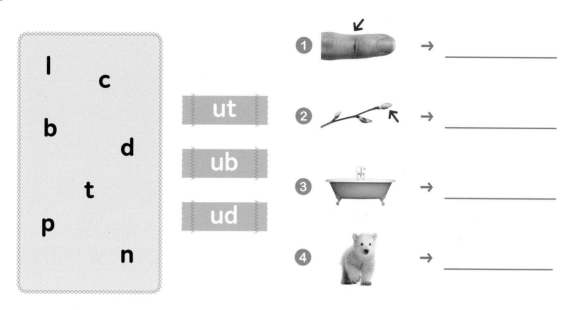

l
c
b
d
t
p
n

ut
ub
ud

① → _____

② → _____

③ → _____

④ → _____

B 단어를 찾아 동그라미해서 구를 완성한 다음 읽어보세요.

① crack the _____   견과류를 쪼개다

② put _____   진흙을 바르다

③ in her _____   그녀의 오두막에서

④ in her _____   그녀의 발에서

d	n	n	m	w
h	n	e	u	j
k	u	s	d	h
w	t	p	m	g
y	i	h	u	t
p	a	w	v	n

C 빈칸에 알맞은 단어를 넣어 문장을 완성한 다음 읽어보세요.

① A _____ cracks the nut with a knife.   새끼 곰이 칼로 견과류를 잘라요.

② Ouch! She has a _____ in her paw.   아야! 곰은 발에 상처가 생겼어요.

③ A pup takes her in her _____ .

강아지는 그를 곰의 오두막으로 데려갔어요.

④ Her mom put _____ on her cut.   엄마가 상처에 진흙을 발라 주어요.

Unit 14

up, un

단모음 u

Step 1

단어를 듣고 읽어보세요.

14-01

up [엎]

up   cup   pup

un [언]

run   sun   bun   fun   nun

Step 2

구를 듣고 읽어보세요.

14-02

| in the sun | fun to run | climb up | in the tree |

Step 3

문장을 듣고 읽어보세요.

14-03

Run! Run! Run in the sun!
It's fun to run in the sun!
Up! Up! Climb up the tree!
It's fun to be up in the tree!

Words | up 위 cup 컵 pup 강아지
run 뛰다 sun 태양 bun 번빵
fun 재미있는 nun 수녀

A 다음 문자를 조합해서 단어를 만들어 써 보세요.

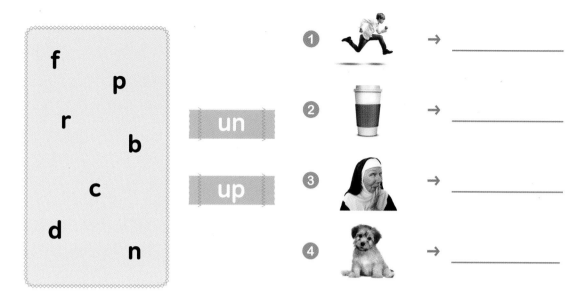

f
p
r
b
c
d
n

un

up

① → _____

② → _____

③ → _____

④ → _____

B 단어를 찾아 동그라미해서 구를 완성한 다음 읽어보세요.

① climb _____ 오르다

② fun to _____

달리는 것이 재미있는

③ _____ the tree 나무 속에

④ in the _____ 태양 아래서

t	x	u	p	e
z	p	l	n	w
r	u	n	t	i
o	u	d	h	n
a	p	f	j	b
d	s	u	n	m

C 빈칸에 알맞은 단어를 넣어 문장을 완성한 다음 읽어보세요.

① Run! Run! Run in the _____! 달려! 달려! 태양 아래서 달려라!

② It's fun to _____ in the sun! 태양 아래서 달리는 것은 재미있어!

③ Up! Up! Climb _____ the tree! 위로! 위로! 나무를 올라라!

④ It's _____ to be up in the tree! 나무를 오르는 것은 재미있어.

A 단어를 듣고 알맞은 끝소리를 찾아 써 보세요. (R04-01)

op og ob ot ox ug um ub ut ud up un

1 c _____

2 n _____

3 h _____

4 sp _____

5 j _____

6 st _____

B 잘 듣고 빈칸에 단어를 쓰고 알맞은 뜻을 연결해 보세요. (R04-02)

1 _____ the frog •   • 양탄자 위에 껌

2 in her _____ •   • 그녀의 오두막 안에

3 _____ on the rug •   • 개구리를 멈추다

4 climb _____ •   • 위로 올라가다

C 잘 듣고 빈 칸에 알맞은 단어를 써 보세요. (R04-03)

1 It's _____ to be up in the tree.

2 Can you see a _____ in dad's mug?

3 My frog doesn't like to hop on the _____.

4 Bob tries to touch the _____ pot.

D 다음 단어와 같은 소리로 끝나는 단어의 그림을 연결해 보세요.

① hot **②** tub **③** sum **④** log

• • • •

• • • •

E 그림을 보고 알맞은 단어를 골라 구를 완성해 보세요.

① put _____

mud / bud

③ want to _____

hop / pop

② see a _____

hug / bug

④ in the _____

bun / sun

F 그림을 보고 문장을 완성해 보세요.

①

Her mom put mud on her _____.

②

Do not touch the hot_____!

③

He is sitting on a _____.

How to Develop Your Reading Fluency
읽기 유창성을 높이는 방법

① **큰 소리로 읽어라!** Read aloud.

영어는 큰 소리로 읽어야 합니다. 자기가 말하는 소리를 들으며 읽으면 잘못된 것을
수정할 수 있고 자신감도 생깁니다.

② **듣고 따라 읽어라!** Listen and repeat.

원어민의 발음을 듣고 따라 읽는 연습을 반복하다 보면 저절로 유창성이 향상됩니다.

③ **감정을 넣어 읽어라!** Read like a storyteller.

이야기꾼이 된 것처럼 감정을 풍부하게 넣어 읽어 보세요.

④ **함께 읽어라!** Do paired/coral reading.

둘이 같이 읽기, 합창하기 등의 다양한 방법으로 읽기의 재미를 느껴 보세요.

⑤ **구 단위로 끊어 읽어라!** Put words together.

단어를 하나 하나 읽지 말고 의미가 나눠지는 구 단위로 끊어 읽는 연습을 해보세요.
알아듣기도 쉽고 말하기도 편해 유창하게 읽을 수 있어요.

⑥ **무슨 뜻인지 생각하며 읽어라!**

Check your understanding what you are reading.

읽는 데만 집중하지 말고 읽으면서 무슨 뜻인지 곰곰이 생각하며 읽어 보세요.
읽기가 더 재미있어 집니다.

Part 2

장모음의 소리를 연습해요.

Long Vowels Sounds

장모음 a	ake	ate	ape	ame	ace	ane
장모음 e	e					
장모음 i	ike	ide	ice	ive	ite	ine
장모음 o	ole	ome	one	ope	ose	ote
장모음 u	ube	ute	uke	ule		

 Step 1 단어를 듣고 읽어보세요. 15-01

ake [에이크]

make   **c**ake
bake   **w**ake

ate [에이트]

late   Kate
skate   **g**ate

Step 2 구를 듣고 읽어보세요. 15-02

wake up   is waiting   in the lake   with her

Step 3 문장을 듣고 읽어보세요. 15-03

Wake up, Jake!
It's 9 o'clock. It's late.
Kate is waiting in the lake.
Let's skate with her.

Words | make 만들다 cake 케이크 bake 굽다
wake 깨우다 late 늦은 Kate 케이트(여자 이름)
skate 스케이트 gate 문

A 다음 문자들을 연결해서 단어를 만들어 써 보세요.

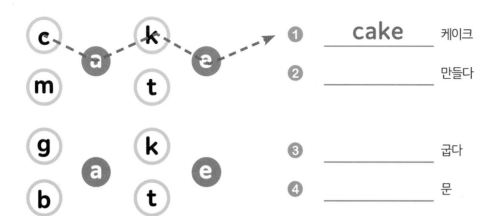

① ___cake___ 케이크

② _____ 만들다

③ _____ 굽다

④ _____ 문

B 그림을 보고 구를 완성한 다음 읽어보세요.

① in the ___lake___

③ _____ up

② is _____

④ with _____

C 빈칸에 알맞은 단어를 넣어 문장을 완성한 다음 읽어보세요.

① Wake up, ___Jake___! 일어나, 제이크!

② It's 9 o'clock. It's _____. 9시야. 늦었어.

③ Kate is waiting in the _____. 케이트가 호수에서 기다리고 있어.

④ Let's _____ with her. 그녀와 스케이트를 타자.

ape, ame

Step 1 단어를 듣고 읽어보세요.
 16-01

ape [에이프]

ape   tape

cape   grape

ame [에임]

name   game

came   same

Step 2 구를 듣고 읽어보세요.
16-02

in a cage   a magic cape   see him   the same cape

Step 3 문장을 듣고 읽어보세요.
 16-03

An **ape** was in a cage.
He lost a magic **cape**.
His friend **came** to see him.
She gave him the **same cape**.
"This is for you."

Words | ape 유인원 tape 테이프 cape 망토
grape 포도 name 이름 game 경기
came 왔다(come의 과거형) same 같은

A 다음 문자들을 연결해서 단어를 만들어 써 보세요.

t   p
  a   m   e
g

① _____ 테이프

② _____ 게임

n   p
  a   m   e
gr

③ _____ 포도

④ _____ 이름

B 그림을 보고 구를 완성한 다음 읽어보세요.

① the _____ cape

③ a magic _____

② _____ him

④ in a _____

C 빈칸에 알맞은 단어를 넣어 문장을 완성한 다음 읽어보세요.

① An _____ was in a cage. 원숭이 한 마리가 우리에 갇혔어요.

② He lost a magic _____. 그는 마법의 망토를 잃어버렸어요.

③ His friend _____ to see him. 그의 친구가 그를 찾아왔어요.

④ She gave him the _____ cape. "This is for you."

그녀는 그에게 같은 망토를 주었어요. "이것은 네 거야."

Unit 17

ace, ane

Step 1 단어를 듣고 읽어보세요. 🎧 17-01

ace [에이쓰]

face　lace

race　space

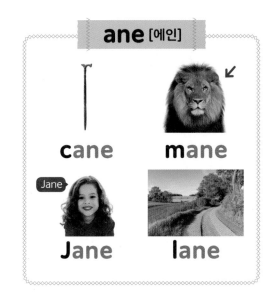

ane [에인]

cane　mane

Jane　lane

Step 2 구를 듣고 읽어보세요. 🎧 17-02

| want to race | tie your shoelaces | won the race | a magic cane |

Step 3 문장을 듣고 읽어보세요. 🎧 17-03

Do you want to race?
Everybody! "Tie your shoelaces."
Jane won the race.
Wow, amazing!
The prize is a magic cane.

Words | face 얼굴　lace 레이스　race 경주
space 우주　cane 지팡이　mane 갈기
Jane 제인(여자 이름)　lane 길

A 다음 문자들을 연결해서 단어를 만들어 써 보세요.

sp   a   n   e
l   c

① _____ 우주
② _____ 길

m   a   n   e
f   c

③ _____ 얼굴
④ _____ 갈기

B 그림을 보고 구를 완성한 다음 읽어보세요.

① _____ the race

③ tie your shoe_____s

② want to _____

④ a magic _____

C 빈칸에 알맞은 단어를 넣어 문장을 완성한 다음 읽어보세요.

① Do you want to _____? 달리기 경주 하고 싶니?

② "Everybody! Tie your _____s." "모두들 신발끈 묶어."

③ Jane _____ the race. 제인은 경주에서 우승을 했어.

④ Wow, amazing! The prize is a magic _____.

우와, 굉장해! 상품이 무려 마법의 지팡이야.

A 단어를 듣고 알맞은 끝소리를 찾아 써 보세요. R05-01

ane	ake	ame	ace	ate	ape

① l_____

② gr_____

③ sp_____

④ m_____

⑤ c_____

⑥ sk_____

B 잘 듣고 빈칸에 단어를 쓰고 알맞은 뜻을 연결해 보세요. R05-02

① a magic _____ •   • 신발끈을 묶다

② tie your shoe_____s •   • 마법의 지팡이

③ the _____ cape •   • 같은 망토

④ with _____ •   • 그녀와 함께

C 잘 듣고 빈 칸에 알맞은 단어를 써 보세요. R05-03

① An _____ was in a cage.

② Do you want to _____?

③ Let's _____ with her.

④ It's 9 o'clock. It's _____.

보고
푸는
문제

D 다음 단어와 같은 소리로 끝나는 단어의 그림을 연결해 보세요.

① face   **②** lane   **③** make   **④** game

•   •   •   •

•   •   •   •

E 그림을 보고 알맞은 단어를 골라 구를 완성해 보세요.

① won the _____
face / race

③ in the _____
make / lake

② magic _____
cape / tape

④ _____ up
cake / wake

F 그림을 보고 문장을 완성해 보세요.

①

She gave him the _____ cape.

②

The prize is a magic _____ .

③

Kate is waiting in the _____ .

 Step 1

단어를 듣고 읽어보세요. 18-01

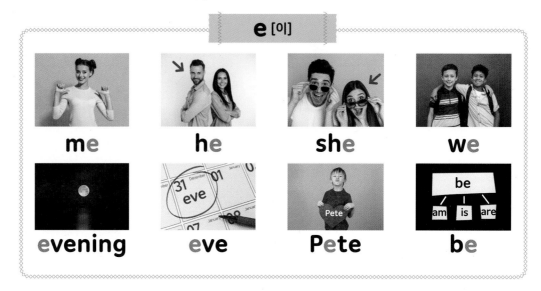

e [이]

me

he

she

we

evening

eve

Pete

be

 Step 2

구를 듣고 읽어보세요. 18-02

my favorite picture   He is   She is   all friends

Step 3

문장을 듣고 읽어보세요. 18-03

Let me show you my favorite picture.
He is Steve. She is Fiona.
This is me.
We are all friends.

Words | me 나를 he 그는 she 그녀는
we 우리는 evening 저녁 eve 전날 밤
Pete 피트(남자 이름) be ~이다

A 다음 문자들을 연결해서 단어를 만들어 써 보세요.

m
sh
e
i

b
w
e
i

① _____ 나
② _____ 그녀
③ _____ 우리
④ _____ ~이다

B 그림을 보고 구를 완성한 다음 읽어보세요.

① all _____

② _____ is

③ _____ is

④ my _____ picture

C 빈칸에 알맞은 단어를 넣어 문장을 완성한 다음 읽어보세요.

① Let _____ show you my favorite picture.

내가 가장 좋아하는 사진 보여줄게.

② _____ is Steve. _____ is Fiona. 그는 스티브야. 그녀는 피오나야.

③ This is _____. 이건 나야.

④ _____ are all friends. 우리는 모두 친구야.

Unit 19 ike, ide

장모음 i

Step 1 단어를 듣고 읽어보세요. 19-01

ike [아이크]

bike **hike**

Mike **like**

ide [아이드]

hide **ride**

tide **wide**

Step 2 구를 듣고 읽어보세요. 19-02

| has a bike | a tandem | Mike and I | so much fun |

Step 3 문장을 듣고 읽어보세요. 19-03

Mike has a bike.
Mike's bike is a tandem.
Mike and I can ride a bike
together.
Riding a bike is so much fun.

* tandem 2인용 자전거

Words | bike 자전거 hike 하이킹하다, 등산하다
Mike 마이크 (남자 이름) like 좋아하다
hide 숨다 ride 타다 tide 밀물과 썰물 wide 넓은

A 다음 문자들을 연결해서 단어를 만들어 써 보세요.

h   d
  i
r   k   e

l   k
  i   e
w   d

1 ＿＿＿＿＿＿＿＿ 하이킹하다, 등산하다

2 ＿＿＿＿＿＿＿＿ 타다

3 ＿＿＿＿＿＿＿＿ 좋아하다

4 ＿＿＿＿＿＿＿＿ 넓은

B 그림을 보고 구를 완성한 다음 읽어보세요.

1 a ＿＿＿＿＿＿＿＿

3 has a ＿＿＿＿＿＿＿＿

2 ＿＿＿＿＿＿＿ and I

4 so much ＿＿＿＿＿＿＿

C 빈칸에 알맞은 단어를 넣어 문장을 완성한 다음 읽어보세요.

1 ＿＿＿＿＿＿＿＿＿＿＿ has a bike. 마이크는 자전거가 한 대 있어요.

2 Mike's ＿＿＿＿＿＿＿＿＿ is a tandem. 마이크의 자전거는 2인용이에요.

3 Mike and I can ＿＿＿＿＿＿＿＿＿ a bike together.

마이크와 나는 함께 자전거를 할 수 있어요.

4 Riding a ＿＿＿＿＿＿＿＿＿ is so much fun. 자전거 타기는 정말 재밌어요.

 Step 1 단어를 듣고 읽어보세요. 🎧 20-01

ice [아이쓰]

ice rice

dice slice

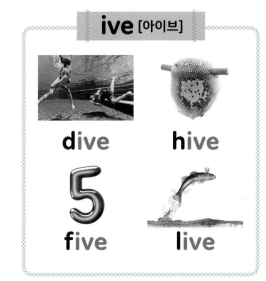

ive [아이브]

dive hive

five live

 Step 2 구를 듣고 읽어보세요. 🎧 20-02

played in the water swam and dived a slice of pizza ice cream

 Step 3 문장을 듣고 읽어보세요. 🎧 20-03

Five monkeys played in the water.
They swam and dived.
They ate a slice of pizza for lunch.
Ice cream was for dessert.
"How delicious!"

Words │ ice 얼음 rice 쌀 dice 주사위
slice 조각 dive 잠수하다
hive 벌집 five 5 live 살아 있는

A 다음 문자들을 연결해서 단어를 만들어 써 보세요.

h v e
i
r c

① _____ 벌집
② _____ 쌀

sl v e
i
d c

③ _____ 조각
④ _____ 잠수하다

B 그림을 보고 구를 완성한 다음 읽어보세요.

① a _____ of pizza

③ _____ cream

② played in the _____

④ swam and _____ d

C 빈칸에 알맞은 단어를 넣어 문장을 완성한 다음 읽어보세요.

① _____ monkeys played in the water. 원숭이 다섯 마리가 물속에서 놀았어요.

② They swam and _____ d. 수영과 다이빙을 했어요.

③ They ate a _____ of pizza for lunch.

그들은 점심으로 피자 한 조각을 먹었어요.

④ _____ cream was for dessert. "How delicious!"

디저트로는 아이스크림을 먹었어요. "정말 맛있어요!"

Unit 21 · ite, ine

장모음 i

Step 1 단어를 듣고 읽어보세요. 🎧 21-01

ite [아이트]

bite **kite**
invite **white**

ine [아인]

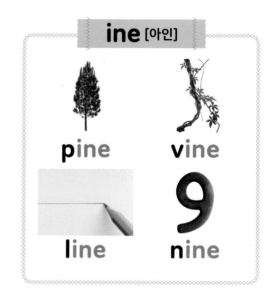

pine **vine**
line **nine**

Step 2 구를 듣고 읽어보세요. 🎧 21-02

| a pine tree | nine hives | my kite | bite me |

Step 3 문장을 듣고 읽어보세요. 🎧 21-03

There is a p**ine** tree.
N**ine** hives are inside it.
My k**ite** hangs in the branch.
Ouch! A bee b**ite**s me on the nose.

Words | bite 물다 kite 연 invite 초대하다
white 흰색 pine 소나무
vine 덩굴 line 줄 nine 9

A 다음 문자들을 연결해서 단어를 만들어 써 보세요.

1 _____ 흰색

2 _____ 9

3 _____ 줄

4 _____ 초대하다

B 그림을 보고 구를 완성한 다음 읽어보세요.

1 a _____ tree

3 _____ hives

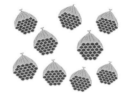

2 my _____

4 _____ me

C 빈칸에 알맞은 단어를 넣어 문장을 완성한 다음 읽어보세요.

1 There is a _____ tree. 소나무 한 그루가 있어요.

2 _____ hives are inside it. 아홉 개의 벌집이 그 안에 있어요.

3 My _____ hangs in the branch. 내 연이 나뭇가지에 걸렸어요.

4 Ouch! A bee _____s me on the nose. 아야! 벌한테 코를 쏘였어요.

Review 06

A 단어를 듣고 알맞은 끝소리를 찾아 써 보세요. 🎧 R06-01

| ine | e | ide | ike | ice | ive | ite |

① wh_____

② l_____

③ f_____

④ d_____

⑤ r_____

⑥ h_____

B 잘 듣고 빈칸에 단어를 쓰고 알맞은 뜻을 연결해 보세요. 🎧 R06-02

① all _____   •   • 모든 친구들

② has a _____   •   • 한 조각의 피자

③ a _____ of pizza •   • 자전거가 한 대 있다

④ a _____ tree   •   • 소나무

C 잘 듣고 빈 칸에 알맞은 단어를 써 보세요. 🎧 R06-03

① There is a _____ tree.

② _____ are all friends.

③ Mike has a _____.

④ _____ cream was for dessert.

보고 푸는 문제

D 다음 단어와 같은 소리로 끝나는 단어의 그림을 연결해 보세요.

① line   ② dice   ③ tide   ④ me

•   •   •   •

•   •   •   •

E 그림을 보고 알맞은 단어를 골라 구를 완성해 보세요.

① _____ hives
vine / nine

③ swam and _____ d
live / dive

② _____ is
he / she

④ ride a _____
hike / bike

F 그림을 보고 문장을 완성해 보세요.

①

Riding a _____ is so much fun.

②

A bee _____ s me on the nose.

③

They ate a _____ of pizza for lunch.

Step 1

단어를 듣고 읽어보세요.

22-01

ole [오울]

hole　**mole**　**pole**　**stole**　**role**

ome [오움]

home　　　**dome**　　　**Rome**

Step 2

구를 듣고 읽어보세요.

22-02

digging a hole　build a home　need a pole　make a dome

Step 3

문장을 듣고 읽어보세요.

22-03

The mole is digging a hole.
He wants to build a home.
He needs a pole to build a home.
He wants to make a dome in the hole.

Words | hole 구멍 mole 두더지 pole 장대 stole 훔쳤다(steal의 과거형)
role 역할 home (가족과 함께 사는) 집 dome 돔, 반구형 지붕
Rome 로마

A 다음 문자들을 연결해서 단어를 만들어 써 보세요.

d o m e

p o l e

r o l e

m o l e

① ＿＿＿＿＿＿＿＿＿＿ 돔, 반구형 지붕

② ＿＿＿＿＿＿＿＿＿＿ 장대

③ ＿＿＿＿＿＿＿＿＿＿ 역할

④ ＿＿＿＿＿＿＿＿＿＿ 두더지

B 그림을 보고 구를 완성한 다음 읽어보세요.

① digging a ＿＿＿＿＿＿＿＿

③ build a ＿＿＿＿＿＿＿＿

② make a ＿＿＿＿＿＿＿＿

④ ＿＿＿＿＿＿＿＿ a pole

C 빈칸에 알맞은 단어를 넣어 문장을 완성한 다음 읽어보세요.

① The ＿＿＿＿＿＿＿＿＿＿ is digging a hole. 두더지가 구멍을 파고 있어요.

② He wants to build a ＿＿＿＿＿＿＿＿＿. 두더지는 집을 짓고 싶어요.

③ He needs a ＿＿＿＿＿＿＿＿ to build a home.

두더지는 집을 짓기 위해 봉이 필요해요.

④ He wants to make a ＿＿＿＿＿＿＿＿＿ in the hole.

두더지는 구멍에 돔을 만들고 싶어요.

 **Unit 23** **one, ope** 장모음 o

Step 1 단어를 듣고 읽어보세요. 23-01

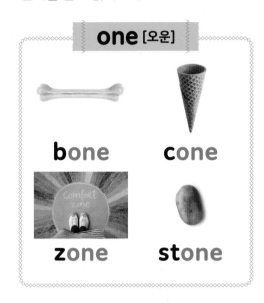

one [오운]

bone   **c**one

zone   **st**one

ope [오우프]

hope

rope   **p**ope

Step 2 구를 듣고 읽어보세요. 23-02

home alone   play with a bone   tying a rope   out the window

Step 3 문장을 듣고 읽어보세요. 23-03

The dog is home alone.
He usually plays with a bone.
He is tying a rope on the bone.
Oh, no! He throws the bone
out the window.

Words | bone 뼈다귀 cone 원뿔 zone 지역, 구역
stone 돌 hope 희망 rope 밧줄, 로프
pope 교황

68 가장 쉬운 초등 필수 파닉스 실전 연습

A 다음 문자들을 연결해서 단어를 만들어 써 보세요.

z   p

o

p   n

e

c   p

o

h   n

e

1 _____ 지역, 구역

2 _____ 교황

3 _____ 희망

4 _____ 외뿔

B 그림을 보고 구를 완성한 다음 읽어보세요.

1 home _____

2 _____ the window

3 tying a _____

4 play with a _____

C 빈칸에 알맞은 단어를 넣어 문장을 완성한 다음 읽어보세요.

1 The dog is home _____. 강아지가 혼자 집에 있어요.

2 He usually plays with a _____. 강아지는 보통 뼈다귀를 가지고 놀아요.

3 He is tying a _____ on the bone.

강아지가 뼈다귀에 밧줄을 묶고 있어요.

4 Oh, no! He throws the _____ out the window.

오, 안돼! 강아지가 창문 밖으로 뼈다귀를 던지네요.

Unit 24 ose, ote

Step 1 단어를 듣고 읽어보세요.

🎧 24-01

ose [오우즈]

rose   nose

pose   close

ote [오우트]

note   vote

TO THE MOST BEAUTIFUL MOM IN THE WORLD

remote   quote

BEING VIRTUOUS, BE CONFIDENT IN YOURSELF AND NEVER GIVE UP

Step 2 구를 듣고 읽어보세요.

🎧 24-02

my favorite flower   full of roses   have a note   like to smell

Step 3 문장을 듣고 읽어보세요.

🎧 24-03

My favorite flower is a rose.
I have a garden full of roses.
I have a note with a rose.
My nose likes to smell roses.

Words │ rose 장미 nose 코 pose 자세, 포즈
close 닫다 note 메모 vote 선거하다
remote 원격의 quote 인용하다

A 다음 문자들을 연결해서 단어를 만들어 써 보세요.

p   s

  o   e

n   t

n   t

  o   e

qu   s

① _____ 포즈

② _____ 메모

③ _____ 인용하다

④ _____ 코

B 그림을 보고 구를 완성한 다음 읽어보세요.

① my _____ flower

③ have a _____

② full of _____ s

④ like to _____

C 빈칸에 알맞은 단어를 넣어 문장을 완성한 다음 읽어보세요.

① My favorite flower is a _____. 내가 가장 좋아하는 꽃은 장미입니다.

② I have a garden _____ of roses. 나는 장미로 가득한 정원이 있어요.

③ I have a _____ with a rose. 나는 장미가 있는 메모를 가지고 있어요.

④ My _____ likes to smell roses. 내 코는 장미 향을 맡는 것을 좋아해요.

 Step 1 단어를 듣고 읽어보세요. 25-01

ube [유브]

tube

cube

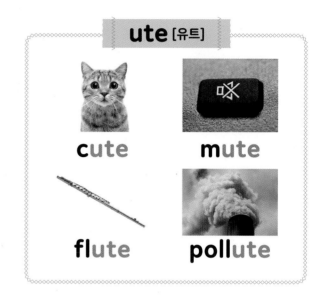

ute [유트]

cute   **m**ute

flute   **poll**ute

Step 2 구를 듣고 읽어보세요. 25-02

my brother   play with a cube   put the cube   in his bag

Step 3 문장을 듣고 읽어보세요. 25-03

My brother is so cute.
He likes to play with a cube.
He always puts the cube in his bag.
He brings the cube everywhere.

Words | tube 관, 튜브 cube 정육면체
cute 귀여운 mute 말없는, 무음의
flute 플루트 pollute 오염시키다

A 다음 문자들을 연결해서 단어를 만들어 써 보세요.

t   t   u   e   c   b

❶ _____ 귀여운

❷ _____ 관, 튜브

fl   t   u   e   m   b

❸ _____ 말없는, 무음의

❹ _____ 풀루트

B 그림을 보고 구를 완성한 다음 읽어보세요.

❶ put the _____

❸ my _____

❷ _____ with a cube

❹ in his _____

C 빈칸에 알맞은 단어를 넣어 문장을 완성한 다음 읽어보세요.

❶ My brother is so _____. 내 남동생은 정말 귀여워요.

❷ He likes to play with a _____. 그는 큐브를 가지고 노는 것을 좋아해요.

❸ He always puts the _____ in his bag.

그는 가방에 항상 큐브를 넣어요.

❹ He brings the _____ everywhere.

그는 큐브를 어디나 가지고 다녀요.

uke, ule

 Step 1 단어를 듣고 읽어보세요. 🎧 26-01

uke [우/유크]

Luke

juke duke

ule [울/율]

mule

RULES

rule

 Step 2 구를 듣고 읽어보세요. 🎧 26-02

gave a jukebox   Luke's mule   music plays   listen to the music

 Step 3 문장을 듣고 읽어보세요. 🎧 26-03

The duke gave a jukebox to Luke.
Luke's mule liked it very much.
When the music plays, the mule
sings. Luke and the mule listen
to the music every day.

Words | Luke 루크(남자 이름) juke (미·속어)쥬크박스
duke 공작 mule 노새 rule 규칙

A 다음 문자들을 연결해서 단어를 만들어 써 보세요.

d l
  u   e
m k

1 _____ 노새

2 _____ 공작

r l
  u   e
L k

3 _____ 규칙

4 _____ 루크(남자 이름)

B 그림을 보고 구를 완성한 다음 읽어보세요.

1 gave a _____ box

3 _____ plays

2 Luke's _____

4 _____ to the music

C 빈칸에 알맞은 단어를 넣어 문장을 완성한 다음 읽어보세요.

1 The duke gave a _____ box to Luke. 공작이 루크에게 쥬크박스를 주었어요.

2 _____'s mule liked it very much. 루크의 노새가 쥬크박스를 매우 좋아했어요.

3 When the music plays, the _____ sings.

음악이 연주되면 노새는 노래를 불러요.

4 _____ and the mule listen to the music every day.

루크와 노새는 매일 음악을 들어요.

듣고 푸는 문제

A 단어를 듣고 알맞은 끝소리를 찾아 써 보세요. 🎧 R07-01

ole ome one ope ose ote ube ute uke ule

① m_____

② p_____

③ m_____

④ v_____

⑤ fl_____

⑥ r_____

B 잘 듣고 빈칸에 단어를 쓰고 알맞은 뜻을 연결해 보세요. 🎧 R07-02

① my favorite _____ •

② _____ to the music •

③ put the _____ •

④ home _____ •

• 큐브를 놓다

• 가장 좋아하는 꽃

• 나 홀로 집에

• 음악을 듣다

C 잘 듣고 빈 칸에 알맞은 단어를 써 보세요. 🎧 R07-03

① He brings the _____ everywhere.

② My _____ likes to smell roses.

③ Luke's _____ liked it very much.

④ He wants to make a _____ in the hole.

D 다음 단어와 같은 소리로 끝나는 단어의 그림을 연결해 보세요.

1 tube   **2** zone   **3** close   **4** Luke

•   •   •   •

•   •   •   •

E 그림을 보고 알맞은 단어를 골라 구를 완성해 보세요.

1 tying a _____   hope / rope

3 have a _____   note / vote

2 digging a _____   pole / hole

4 play with a _____   cube / mute

F 그림을 보고 문장을 완성해 보세요.

1   **2**   **3**

I have a garden full of _____s.

My brother is so _____.

He wants to build a _____.

To Be a Fluent Reader...
구phrase 단위로 끊어 읽기

- 이 문장을 읽어보세요.

  Ex Mom gave me a new bag pack for a birthday present.

- 만약 단어 하나씩 따로 따로 읽으면 재미없고 지루한 읽기가 되요.

  Ex Mom..gave.. me.. a.. bag pack.. for.. a.. birthday.. present.

- 유창한 읽기를 하려면 의미로 묶이는 구 단위로 끊어 읽어야 해요.

  Ex Mom.. gave me.. a new bag pack.. for a birthday present.

- 의미가 연결되는 단어끼리 모인 그룹을 '구phrase'라고 불러요. 구를 구분할 수 있으면 언제 쉬어야 할지 어느 단어와 단어를 빨리 붙여서 읽어야 할지 등을 알 수 있어요. 구 단위로 끊어 읽으면 듣는 사람도 더 생동감 있게 들을 수 있고, 의미도 더 명확히 전달됩니다.

그럼 어떻게 연습하면 좋을까요? 색연필로 다음과 같이 표시를 하면서 읽어보세요.

Mom gave me a new bag pack for a birthday present.

그럼 이제 구 단위로 끊어읽기를 연습해 볼까요?

✓ My brother likes to play with Lego blocks.

✓ He started to dig to find it.

✓ Jack pops the balloons with a pin.

✓ We are drawing autumn trees in the playground.

Part 3

이중·삼중자음의 소리를 연습해요.

Double / Triple Consonant Sounds

자음+l	bl	cl	fl	pl	gl	sl		
자음+r	br	cr	fr	pr	tr	dr	wr	gr
자음+h	ch	sh	ph	th				
s+자음	sn	sk	sq	sw	st	sl	sp	
	sm	sc	sch	spr	str	scr		
n+자음	nd	nt	ng	nk				

Step 1 단어를 듣고 읽어보세요. 27-01

bl [블ㄹ]

Blake   blue

black   block

cl [클ㄹ]

Claire   clock

classroom   cloud

Step 2 구를 듣고 읽어보세요. 27-02

to the market   a black clock   blue blocks   in the classroom

Step 3 문장을 듣고 읽어보세요. 27-03

Blake and Claire went to the market.
He bought a black clock.
She bought blue blocks.
They put them in the classroom.

Words | Blake 블레이크(이름)   blue 파란색   black 검은색
block 블록   Claire 클레어(여자 이름)   clock 시계
classroom 교실   cloud 구름

A 다음 그림을 보고 단어를 만들어 써 보세요.

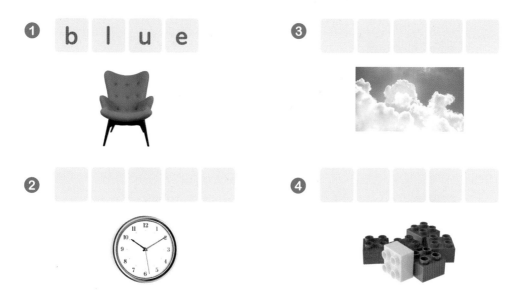

❶ b l u e

❸ ☐ ☐ ☐ ☐ ☐

❷ ☐ ☐ ☐ ☐ ☐

❹ ☐ ☐ ☐ ☐ ☐

B 알맞은 단어를 골라 구를 완성한 다음 읽어보세요.

❶ a _____black_____ clock 검은 시계
Blake / black

❸ in the _____ 교실에
classroom / clock

❷ to the _____ 시장에
market / block

❹ _____ blocks 파란색 블록
blue / cloud

C 빈칸에 알맞은 단어를 넣어 문장을 완성한 다음 읽어보세요.

❶ _____Blake_____ and Claire went to the market.

블레이크와 클레어는 시장에 갔어요.

❷ He bought a black _____. 그는 검은 색 시계를 샀어요.

❸ She bought _____ blocks. 그녀는 파란색 블록을 샀어요.

❹ They put them in the _____. 그들은 그것들을 교실에 두었어요.

Unit 28 — fl, pl

Step 1 단어를 듣고 읽어보세요.

 28-01

fl [플ㄹ]

fly **flag**

flower **fl**ew

pl [플ㄹ]

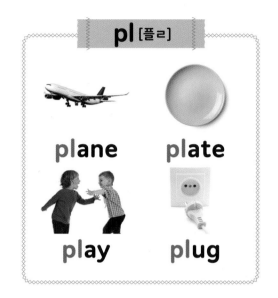

plane **plate**

play **pl**ug

Step 2 구를 듣고 읽어보세요.

 28-02

in the kitchen   something to eat   on the table   sweet plums

Step 3 문장을 듣고 읽어보세요.

 28-03

A **fly** **fl**ew in the kitchen.
The **fly** wanted something to eat.
The **fly** found a **pl**ate on
the table.
"Sweet **pl**ums on the **pl**ate."

Words │ fly 파리; 날다 flag 깃발
flower 꽃 flew 날았다(fly의 과거형) plane 비행기
plate 접시 play 놀다 plug 플러그

A 다음 그림을 보고 단어를 만들어 써 보세요.

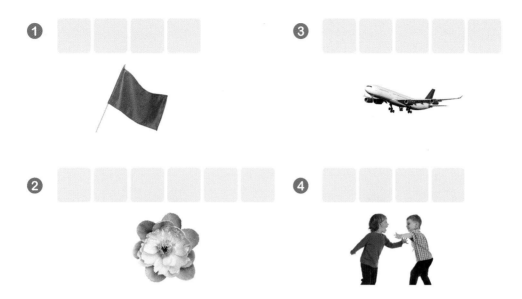

① ☐ ☐ ☐ ☐

③ ☐ ☐ ☐ ☐ ☐

② ☐ ☐ ☐ ☐ ☐ ☐

④ ☐ ☐ ☐ ☐

B 알맞은 단어를 골라 구를 완성한 다음 읽어보세요.

① on the _____ 탁자 위에
   [desk / table]

③ _____ plums 달콤한 자두
   [sweet / spicy]

② in the _____ 부엌에
   [kitchen / bedroom]

④ something to _____ 먹을 것
   [buy / eat]

C 빈칸에 알맞은 단어를 넣어 문장을 완성한 다음 읽어보세요.

① A fly _____ in the kitchen. 파리 한 마리가 부엌에서 날고 있었어요.

② The _____ wanted something to eat. 그 파리는 무언가 먹고 싶었어요.

③ The fly found a _____ on the table. 파리는 식탁에서 접시를 발견했어요.

④ "Sweet _____ s on the plate." "접시에 맛있는 자두가 있네!"

Unit 29 · gl, sl

Step 1 단어를 듣고 읽어보세요.

 29-01

gl [글ㄹ]

globe   glass

glad   gloves

sl [슬ㄹ]

slip

sleepy   slippers

Step 2 구를 듣고 읽어보세요.

 29-02

a sleepy fox   was slow   dropped the glass   wear gloves

Step 3 문장을 듣고 읽어보세요.

 29-03

A **sl**eepy fox walked at night.
He was **sl**ow because he was **sl**eepy.
Suddenly, the wind dropped the **gl**ass.
The **gl**ass was broken.
He smiled, "I wear **gl**oves."

Words | globe 지구본 glass 유리잔 glad 기쁜
gloves 장갑 slip 미끄러지다
sleepy 졸리운 slippers 슬리퍼

A 다음 그림을 보고 단어를 만들어 써 보세요.

❶ ☐ ☐ ☐ ☐ ☐

❸ ☐ ☐ ☐ ☐

❷ ☐ ☐ ☐ ☐ ☐

❹ ☐ ☐ ☐ ☐

B 알맞은 단어를 골라 구를 완성한 다음 읽어보세요.

❶ wear _____ 장갑을 끼다
　　socks / gloves

❸ dropped the _____
　컵을 떨어뜨렸다　　glass / plate

❷ was _____ 느렸다
　　slow / fast

❹ a _____ fox 졸린 여우
　　clever / sleepy

C 빈칸에 알맞은 단어를 넣어 문장을 완성한 다음 읽어보세요.

❶ A _____ fox walked at night. 졸린 여우가 밤에 걷고 있었어요.

❷ He was _____ because he was sleepy. 여우는 느렸어요. 엄청 졸렸거든요.

❸ Suddenly, the wind dropped the _____. The glass was boken.

갑자기 바람에 유리컵이 바닥에 떨어졌어요. 컵이 깨졌어요.

❹ He smiled, "I wear _____" 여우는 미소를 지었어요. "나는 장갑을 꼈지."

듣고 푸는 문제

A 단어를 듣고 알맞은 소리를 찾아 써 보세요. 　　🎧 R08-01

bl	cl	pl	gl	sl	fl

① _____ock

② _____y

③ _____eepy

④ _____ad

⑤ _____ane

⑥ _____ue

B 잘 듣고 빈칸에 단어를 쓰고 알맞은 뜻을 연결해 보세요. 　　🎧 R08-02

① a _____ fox 　　•　　•　부엌에

② in the _____ 　　•　　•　졸린 여우

③ to the _____ 　　•　　•　컵을 떨어뜨리다

④ dropped the _____ 　　•　　•　시장에

C 잘 듣고 빈 칸에 알맞은 단어를 써 보세요. 　　🎧 R08-03

① A fly _____ in the kitchen.

② He bought a _____ clock.

③ A _____ fox walked at night.

④ She bought _____ blocks.

D 다음 단어와 같은 소리로 시작하는 단어의 그림을 연결해 보세요.

① slippers   ② flag   ③ black   ④ cloud

•   •   •   •

•   •   •   •

E 그림을 보고 알맞은 단어를 골라 구를 완성해 보세요.

① was _____

   slice / slow

② _____ blocks

   blue / black

③ sweet _____s

   plum / plate

④ wear _____s

   glove / glass

F 그림을 보고 문장을 완성해 보세요.

①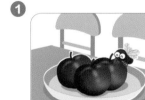

The _____ found a plate on the table.

②

He bought a _____ clock.

③

The wind dropped the _____.

Step 1

단어를 듣고 읽어보세요.

 30-01

br [브뤄]

bread **breakfast**

bridge **bride**

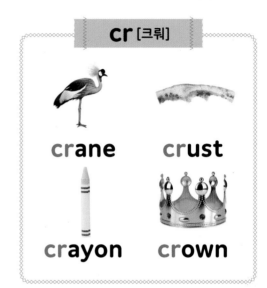

cr [크뤄]

crane **crust**

crayon **crown**

Step 2

구를 듣고 읽어보세요.

 30-02

on the bridge   for breakfast   a hungry crane   give the crust

Step 3

문장을 듣고 읽어보세요.

 30-03

A **br**ide stands on the **br**idge.
She has **br**ead for **br**eakfast.
A hungry **cr**ane is by the **br**ide.
The **br**ide gives the **cr**ust to
the **cr**ane.

Words | bread 빵 breakfast 아침 bridge 다리
bride 신부 crane 두루미 crust 빵껍질
crayon 크레용 crown 왕관

A 다음 그림을 보고 단어를 만들어 써 보세요.

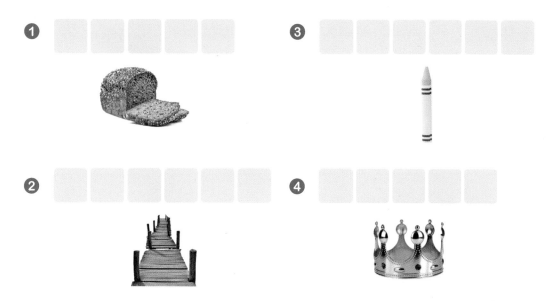

❶ ⬜⬜⬜⬜⬜

❷ ⬜⬜⬜⬜⬜⬜

❸ ⬜⬜⬜⬜⬜⬜

❹ ⬜⬜⬜⬜⬜

B 알맞은 단어를 골라 구를 완성한 다음 읽어보세요.

❶ for _____ 아침으로

　　lunch / breakfast

❸ a _____ crane 배고픈 두루미

　　hungry / angry

❷ on the _____ 다리 위에서

　　bridge / roof

❹ give the _____ 빵부스러기를 주다

　　crust / cheese

C 빈칸에 알맞은 단어를 넣어 문장을 완성한 다음 읽어보세요.

❶ A _____ stands on the bridge. 한 신부가 다리 위에 서 있어요.

❷ She has _____ for breakfast. 그녀는 아침으로 빵을 먹어요.

❸ A hungry _____ is by the bride. 배고픈 두루미가 신부 옆에 있어요.

❹ The bride gives the _____ to the _____.

신부가 빵조각을 두루미에게 주네요.

Unit 31 — fr, pr

Step 1

단어를 듣고 읽어보세요.

 31-01

fr [프뤄]

Friday friend

fry frame

pr [프뤄]

prince pretzel

practice price

$50

Step 2

구를 듣고 읽어보세요.

 31-02

a big game   needed friends   to the prince   Let's practice

Step 3

문장을 듣고 읽어보세요.

 31-03

A **prince practiced** for a big game.
He needed **friends** to **practice** with.
A **frog** came up to the **prince**.
"Let's **practice** together."

Words | Friday 금요일 friend 친구 fry 튀기다
frame 틀 prince 왕자 pretzel 프레첼
practice 연습하다 price 가격

A 다음 그림을 보고 단어를 만들어 써 보세요.

❶ ☐☐☐☐☐☐☐

❷ ☐☐☐☐☐☐

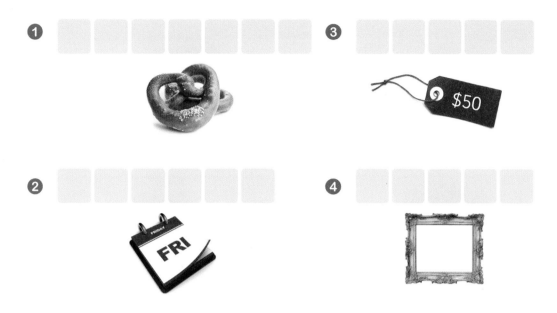

❸ ☐☐☐☐☐

❹ ☐☐☐☐☐☐

B 알맞은 단어를 골라 구를 완성한 다음 읽어보세요.

❶ a big _____ 중요한 경기
game / test

❸ Let's _____ 연습하자
go / practice

❷ needed _____ 친구가 필요했다
friends / parents

❹ to the _____ 왕자에게
prince / princess

C 빈칸에 알맞은 단어를 넣어 문장을 완성한 다음 읽어보세요.

❶ A _____ practiced for a big game.

왕자는 큰 경기가 있어서 연습을 하고 있었어요.

❷ He needed _____ to practice with. 그는 연습을 함께 할 친구가 필요했어요.

❸ A _____ came up to the prince. 개구리가 왕자한테 가까이 다가왔어요.

❹ "Let's _____ together." "같이 연습해요."

Unit 32 　tr, dr

Step 1　단어를 듣고 읽어보세요.　 32-01

tr [츄뤄]

treasure　**troll**

tree　**trumpet**

dr [드뤄]

dragon　**drop**

drink　**dress**

Step 2　구를 듣고 읽어보세요.　 32-02

| live in | has treasure | the big tree | drop his treasure |

Step 3　문장을 듣고 읽어보세요.　 32-03

A **tr**oll lives in a big **tr**ee.
He has **tr**easure in the **tr**ee.
A **dr**agon shakes the big tree.
The troll **dr**ops his treasure and
said, "Go away!"

Words │ treasure 보물　troll 요정　tree 나무
trumpet 트럼펫　dragon 용
drop 떨어뜨리다　drink 마시다　dress 드레스

A 다음 그림을 보고 단어를 만들어 써 보세요.

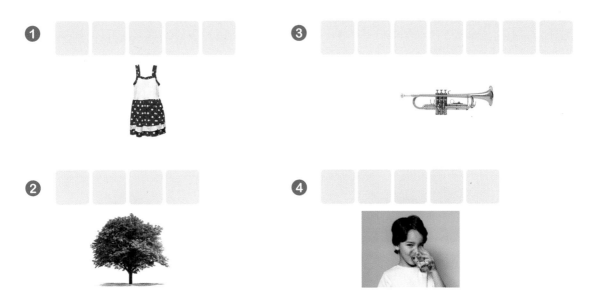

① ▢ ▢ ▢ ▢ ▢

③ ▢ ▢ ▢ ▢ ▢ ▢ ▢

② ▢ ▢ ▢ ▢

④ ▢ ▢ ▢ ▢ ▢

B 알맞은 단어를 골라 구를 완성한 다음 읽어보세요.

① has _____ 보물을 가지다
   treasure / trunk

③ the _____ tree 큰 나무
   big / small

② _____ in ~에 살다
   stay / live

④ _____ his treasure
   drop / hold   보물을 떨어뜨리다

C 빈칸에 알맞은 단어를 넣어 문장을 완성한 다음 읽어보세요.

① A _____ lives in a big tree. 요정이 큰 나무에 살고 있어요.

② He has treasure in the _____. 그는 나무 안에 보물을 가지고 있어요.

③ A _____ shakes the big tree. 용은 큰 나무를 흔들었어요.

④ The troll _____ s his treasure. 요정은 보물을 떨어뜨렸어요.

Unit 33 — wr, gr

 이중자음

Step 1 단어를 듣고 읽어보세요.

 33-01

wr [롸/뤄]

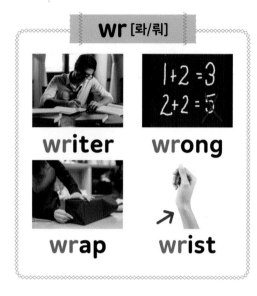

writer   **wr**ong

wrap   **wr**ist

gr [그뤄]

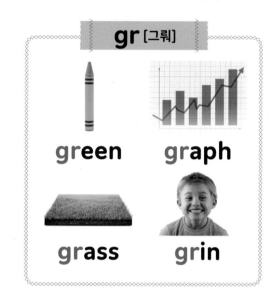

green   **gr**aph

grass   **gr**in

Step 2 구를 듣고 읽어보세요.

 33-02

write stories   the green grass   his cat   grin at him

Step 3 문장을 듣고 읽어보세요.

33-03

A **writer** **writes** stories every day.
Sometimes he looks at the **green** **grass**.
His cat plays on the **green grass**.
The **writer** **grins** at him.

Words | writer 작가 wrong 틀린 wrap 포장하다
wrist 손목 green 녹색 graph 그래프
grass 잔디 grin (소리 없이) 활짝 웃다

A 다음 그림을 보고 단어를 만들어 써 보세요.

1 ☐ ☐ ☐ ☐ ☐

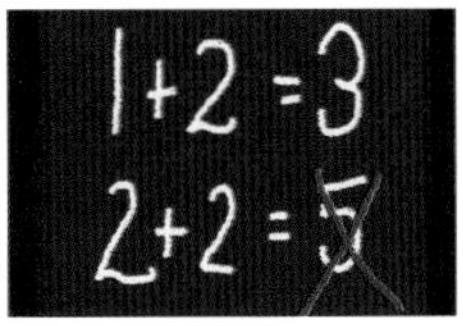

3 ☐ ☐ ☐ ☐

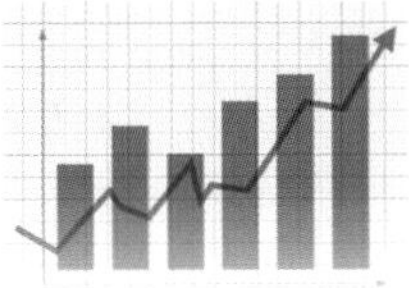

2 ☐ ☐ ☐ ☐ ☐

4 ☐ ☐ ☐ ☐ ☐

B 알맞은 단어를 골라 구를 완성한 다음 읽어보세요.

1 _____ cat 그의 고양이
     his / her

3 write _____ 이야기를 쓰다
     poems / stories

2 _____ at him
     grin / look   그를 보고 미소를 짓다

4 the green _____ 푸른 잔디
     grass / flower

C 빈칸에 알맞은 단어를 넣어 문장을 완성한 다음 읽어보세요.

1 A _____ writes stories every day. 작가는 매일 이야기를 썼어요.

2 Sometimes he looks at the _____ grass. 그는 가끔 푸른 잔디를 쳐다봤어요.

3 His cat plays on the green _____. 그의 고양이가 푸른 잔디에서 놀았어요.

4 The _____ _____ s at him.

작가는 고양이를 보고 소리 없이 웃었어요.

듣고
푸는
문제

A 단어를 듣고 알맞은 소리를 찾아 써 보세요. 🎧 R09-01

| br | fr | tr | dr | pr | wr | gr | cr |

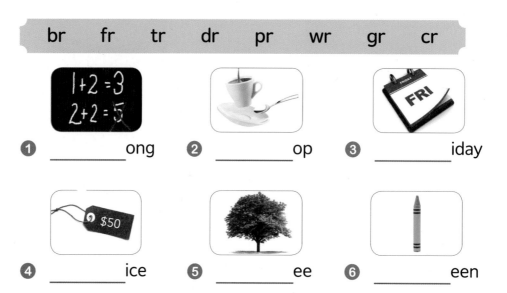

❶ _____ong   ❷ _____op   ❸ _____iday

❹ _____ice   ❺ _____ee   ❻ _____een

B 잘 듣고 빈칸에 단어를 쓰고 알맞은 뜻을 연결해 보세요. 🎧 R09-02

❶ for _____   •   • 연습하자

❷ the big _____   •   • 그를 보고 활짝 웃었다

❸ Let's _____   •   • 아침으로

❹ _____ at him   •   • 아주 큰 나무

C 잘 듣고 빈 칸에 알맞은 단어를 써 보세요. 🎧 R09-03

❶ A prince _____d for a big game.

❷ A _____ shakes the big tree.

❸ His cat plays on the _____ grass.

❹ A bride stands on the _____.

D 다음 단어와 같은 소리로 시작하는 단어의 그림을 연결해 보세요.

1 wrist **2** troll **3** grass **4** frame

● ● ● ●

● ● ● ●

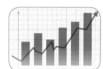   

E 그림을 보고 알맞은 단어를 골라 구를 완성해 보세요.

1 give the _____
crane / crust

3 to the _____
pretzel / prince

2 has _____
trumpet / treasure

4 _____ grass
grin / green

F 그림을 보고 문장을 완성해 보세요.

1

The _____ gives the crust to the crane.

2

The _____ drops his treasure.

3

A frog came up to the _____.

Unit 34

ch, sh

단어를 듣고 읽어보세요.

 34-01

ch [취]

chick　**Chuck**

cherry　**children**

sh [쉬]

shop　**shut**

shed　**shell**

구를 듣고 읽어보세요.

 34-02

| have a chick | eat cherries | go to the shop | are sad |

문장을 듣고 읽어보세요.

 34-03

I have a **ch**ick and her name is **Ch**uck.
She loves to eat **ch**erries.
Chuck and I go to the **sh**op.
The **sh**op is **sh**ut, so we are sad.

Words | chick 병아리　Chuck 척(이름)　cherry 체리
children 아이들　shop 가게
shut 닫다　shed 헛간　shell 조개껍질

A 다음 그림을 보고 단어를 만들어 써 보세요.

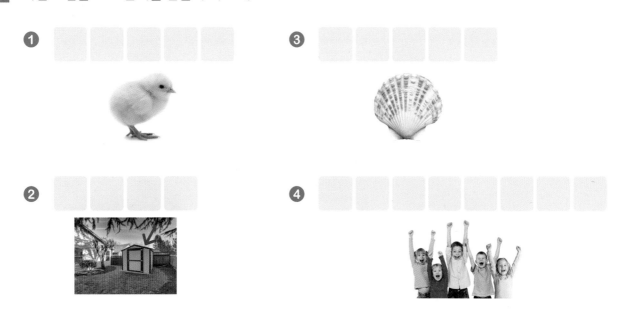

① ▢ ▢ ▢ ▢ ▢

② ▢ ▢ ▢ ▢

③ ▢ ▢ ▢ ▢ ▢

④ ▢ ▢ ▢ ▢ ▢ ▢ ▢ ▢

B 알맞은 단어를 골라 구를 완성한 다음 읽어보세요.

① have a _____ 병아리를 키우다
chick / rabbit

③ eat _____ 체리를 먹다
plums / cherries

② go to the _____
가게에 가다   shop / school

④ are _____ 슬퍼요
glad / sad

C 빈칸에 알맞은 단어를 넣어 문장을 완성한 다음 읽어보세요.

① I have a _____ and her name is Chuck.

나는 병아리를 한 마리 키워요. 이름은 척이에요.

② She loves to eat _____. 척은 체리 먹는 걸 좋아해요.

③ Chuck and I go to the _____. 척하고 나는 가게에 가요.

④ The _____ is _____, so we are sad. 가게 문이 닫혀서 우리는 슬퍼요.

ph, th

이중자음

Step
1
단어를 듣고 읽어보세요.

 35-01

ph [프]

phone   photo

sphere   trophy

th [쓰/드]

thief   thumb

third   mother

Step
2
구를 듣고 읽어보세요.

 35-02

My nephew   two thumbs-up   took some photos   his third time

Step
3
문장을 듣고 읽어보세요.

 35-03

My nephew won a trophy
in the race.
I gave him two thumbs-up.
I took some photos of him.
This is his third time this year.

Words | phone 전화 photo 사진 sphere 구
trophy 트로피 thief 도둑 thumb 엄지
third 세 번째 mother 엄마

A 다음 그림을 보고 단어를 만들어 써 보세요.

❶ ☐ ☐ ☐ ☐ ☐

❸ ☐ ☐ ☐ ☐ ☐

❷ ☐ ☐ ☐ ☐ ☐ ☐

❹ ☐ ☐ ☐ ☐ ☐ ☐

B 알맞은 단어를 골라 구를 완성한 다음 읽어보세요.

❶ _____ some photos of
made / took 사진을 찍었다

❸ two thumbs-_____ 최고
down / up

❷ My _____ 나의 사촌
nephew / niece

❹ his _____ time 그의 세 번째
second / third

C 빈칸에 알맞은 단어를 넣어 문장을 완성한 다음 읽어보세요.

❶ My _____ won a _____ in the race.

내 사촌이 경주에서 트로피를 탔어요.

❷ I gave him two _____s-up. 나는 그에게 최고라고 해주었어요.

❸ I took some _____s of him. 나는 그의 사진도 찍어주었어요.

❹ This is his _____ time this year. 이것이 올해 세 번째 우승이에요.

A 단어를 듣고 알맞은 소리를 찾아 써 보세요. 🎧 R10-01

ph	th	ch	sh

① _____ick ② _____op ③ _____ut

④ _____ird ⑤ mo_____er ⑥ s_____ere

B 잘 듣고 빈칸에 단어를 쓰고 알맞은 뜻을 연결해 보세요. 🎧 R10-02

① two _____s-up •　　　• 가게에 가다

② eat _____ •　　　• 체리를 먹다

③ his _____ time •　　　• 최고

④ go to the _____ •　　　• 그의 세 번째

C 잘 듣고 빈 칸에 알맞은 단어를 써 보세요. 🎧 R10-03

① I gave him two _____s-up.

② I have a _____.

③ My _____ won a trophy in the race.

④ Chuck and I go to the _____.

D 다음 단어와 같은 소리로 시작하는 단어의 그림을 연결해 보세요.

① children **②** phone **③** shed **④** thumb

• • • •

• • • •

E 그림을 보고 알맞은 단어를 골라 구를 완성해 보세요.

① have a _____

cherry / chick

③ are _____

sad / happy

② took some _____s

phone / photo

④ My _____

nephew / trophy

F 그림을 보고 문장을 완성해 보세요.

①

I took some _____s
of him.

②

The _____ is shut,
so we are sad.

Unit 36 — sn, sk

Step 1 단어를 듣고 읽어보세요. 🎧 36-01

sn [스니]
- snake
- snail
- snack
- snowman

sk [스키]
- skunk
- skirt
- ski
- skin

Step 2 구를 듣고 읽어보세요. 🎧 36-02

| like winter | have snow | in winter | make a snowman |

Step 3 문장을 듣고 읽어보세요. 🎧 36-03

I like winter because we have **sn**ow.
I can **sk**i in winter.
I can **sk**ate in winter.
I can make a **sn**owman too.

Words | snake 뱀 snail 달팽이 snack 간식
snowman 눈사람 skunk 스컹크
skirt 치마 ski 스키 skin 피부

A 다음 그림을 보고 단어를 만들어 써 보세요.

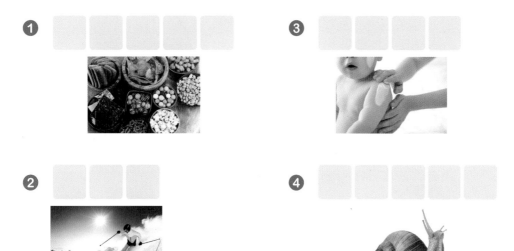

① 　 　 　 　 　

② 　 　 　

③ 　 　 　 　

④ 　 　 　 　 　

B 알맞은 단어를 골라 구를 완성한 다음 읽어보세요.

① have ＿＿＿＿＿＿＿ 눈이 오다
snack / snow

③ make a ＿＿＿＿＿＿＿ 눈사람을 만들다
house / snowman

② in ＿＿＿＿＿＿＿ 겨울에
summer / winter

④ ＿＿＿＿＿＿＿ winter 겨울을 좋아하다
like / play

C 빈칸에 알맞은 단어를 넣어 문장을 완성한 다음 읽어보세요.

① I like winter because we have ＿＿＿＿＿＿＿. 눈이 와서 저는 겨울이 좋아요.

② I can ＿＿＿＿＿＿＿ in winter. 겨울에는 스키를 탈 수 있어요.

③ I can ＿＿＿＿＿＿＿ in winter. 겨울에는 스케이트를 탈 수 있어요.

④ I can make a ＿＿＿＿＿＿＿ too. 눈사람도 만들 수 있어요.

Unit 37

sq, sw

이중자음

Step 1 단어를 듣고 읽어보세요. 🎧 37-01

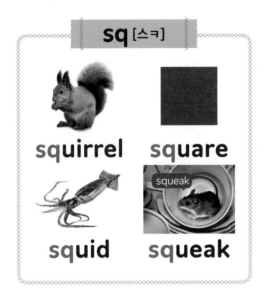

sq [스ㅋ]

squirrel square

squid squeak

sw [스워]

swan sweater

sweet swim

Step 2 구를 듣고 읽어보세요. 🎧 37-02

draw a square   in the middle   by the swan   sweet candies

Step 3 문장을 듣고 읽어보세요. 🎧 37-03

First, draw a **square** in the middle.
Next, draw a **swan** in the **square**.
And then, draw a **squid** by the **swan**.
Finally, draw that they are eating
sweet candies.

Words | squirrel 다람쥐 square 사각형 squid 오징어
squeak 찍(끽) 소리를 내다 swan 백조
sweater 스웨터 sweet 단 swim 수영하다

A 다음 그림을 보고 단어를 만들어 써 보세요.

① ☐ ☐ ☐ ☐ ☐ ☐

③ ☐ ☐ ☐ ☐

② ☐ ☐ ☐ ☐

④ ☐ ☐ ☐ ☐ ☐ ☐

B 알맞은 단어를 골라 구를 완성한 다음 읽어보세요.

① draw a _____ 사각형을 그리다

square / triangle

③ _____ candies 단 사탕

delicious / sweet

② in the _____ 가운데에

middle / end

④ by the _____ 백조 옆에

squid / swan

C 빈칸에 알맞은 단어를 넣어 문장을 완성한 다음 읽어보세요.

① First, draw a _____ in the middle. 첫번째, 가운데 사각형을 그리세요.

② Next, draw a _____ in the square. 다음, 사각형 안에 백조를 그리세요.

③ And then, draw a _____ by the swan. 그리고 나서, 백조 옆에 오징어를 그리세요.

④ Finally, draw that they are eating _____ candies.

마지막으로 그들이 달달한 사탕을 먹는 것을 그리세요.

Unit 38

st, sl, sp

이중자음

단어를 듣고 읽어보세요. 38-01

st [스트]

Stacy story start

sl [슬ㄹ]

slow sleep sled

sp [스프]

spider

spoon

구를 듣고 읽어보세요. 38-02

grandma's house read a story slow spider ride a sled

문장을 듣고 읽어보세요. 38-03

Stacy visited her grandma's house.
She read a story about a slow spider.
The spider always rides a sled.
The story was fun so she didn't
want to sleep.

Words | Stacy 스테이시(여자이름) story 이야기
start 시작하다 slow 느린 sleep 잠자다
sled 썰매 spider 거미 spoon 숟가락

A 다음 그림을 보고 단어를 만들어 써 보세요.

①

②

③

④

B 알맞은 단어를 골라 구를 완성한 다음 읽어보세요.

① grandma's _____ 할머니의 집

    house / bag

② slow _____ 느린 거미

    sponge / spider

③ ride a _____ 썰매를 타다

    sled / skate

④ read a _____ 이야기를 읽다

    story / newspaper

C 빈칸에 알맞은 단어를 넣어 문장을 완성한 다음 읽어보세요.

① _____ visited her grandma's house. 스테이시는 할머니 집에 방문했어요.

② She read a story about a _____ spider.

스테이시는 느린 거미에 관한 책을 읽었어요.

③ The _____ always rides a sled. 거미는 항상 썰매를 타요.

④ The _____ was fun so she didn't want to sleep.

이야기가 재미있어서 그녀는 자고 싶지 않았어요.

Part 3

Unit 39

sm, sc

 Step 1

단어를 듣고 읽어보세요. 39-01

sm [스ㅁ]

smile small

smart smell

sc [스ㅋ]

scarf scared

score scoop

Step 2

구를 듣고 읽어보세요. 39-02

like to wear   a red scarf   sense of smell   scared of small bugs

Step 3

문장을 듣고 읽어보세요. 39-03

My sister is smart and always smiles.
She likes to wear a red scarf.
She has a good sense of smell.
She is scared of small bugs.

Words | smile 웃다 small 작은 smart 똑똑한
smell 냄새맡다 scarf 목도리 scared 두려운
score 점수 scoop (아이스크림을 덜 때 쓰는) 숟가락

A 다음 그림을 보고 단어를 만들어 써 보세요.

① ⬜ ⬜ ⬜ ⬜ ⬜

③ ⬜ ⬜ ⬜ ⬜ ⬜

② ⬜ ⬜ ⬜ ⬜ ⬜

④ ⬜ ⬜ ⬜ ⬜ ⬜

B 알맞은 단어를 골라 구를 완성한 다음 읽어보세요.

① a red _____ 빨간 목도리

scarf / scoop

③ sense of _____ 후각

small / smell

② like to _____ 입기를 좋아하다

wear / sing

④ _____ of bugs 벌레를 무서워하는

like / scared

C 빈칸에 알맞은 단어를 넣어 문장을 완성한 다음 읽어보세요.

① My sister is _____ and always smiles.

내 여동생은 똑똑하고 항상 웃어요.

② She likes to wear a red _____. 그녀는 빨간 목도리를 하는 것을 좋아해요.

③ She has a good sense of _____. 그녀는 후각이 좋아요.

④ She is scared of _____ bugs. 그녀는 작은 벌레를 무서워해요.

듣고
푸는
문제

A 단어를 듣고 알맞은 첫소리를 찾아 써 보세요. R11-01

| sn | sk | sq | sw | st | sp | sl | sm | sc |

① _____art   ② _____uid   ③ _____oon

④ _____ore   ⑤ _____unk   ⑥ _____eater

B 잘 듣고 빈칸에 단어를 쓰고 알맞은 뜻을 연결해 보세요. R11-02

① a red _____   •   •   빨간 목도리

② by the _____   •   •   눈사람을 만들다

③ read a _____   •   •   백조 옆에

④ make a _____   •   •   이야기를 읽었다

C 잘 듣고 빈 칸에 알맞은 단어를 써 보세요. R11-03

① The spider always rides a _____.

② I like winter because we have _____.

③ She has a good sense of _____.

④ Draw that they are eating _____ candies.

D 다음 단어와 같은 소리로 시작하는 단어의 그림을 연결해 보세요.

1 squid **2** smile **3** skin **4** swan

•   •   •   •

•   •   •   •

E 그림을 보고 알맞은 단어를 골라 구를 완성해 보세요.

1 draw a _____
square / squid

3 ride a _____
spider / sled

2 _____ of bugs
scared / score

4 slow _____
spoon / spider

F 그림을 보고 문장을 완성해 보세요.

1 She is scared of _____ bugs.

2 I can _____ in winter.

3 Grandma read a _____.

Unit 40 · sch, spr

삼중자음

Step 1 단어를 듣고 읽어보세요. 🎧 40-01

sch [스ㅋ]

school

scholar

schedule

spr [스프ㄹ]

spray

spring

spread

Sprite

Step 2 구를 듣고 읽어보세요. 🎧 40-02

| meet a new teacher | at school | school schedule | spring break |

Step 3 문장을 듣고 읽어보세요. 🎧 40-03

It's **spr**ing! **Sch**ool is starting!
I meet a new teacher and friends
at **sch**ool.
Here is the **sch**ool **sch**edule.
I like to study but I like **spr**ing
break more!

Words | school 학교 scholar 학자 schedule 일정, 스케줄
spray 스프레이, 분무 spring 봄 spread 펼치다
Sprite 스프라이트(음료)

A 다음 그림을 보고 단어를 만들어 써 보세요.

① ⬜⬜⬜⬜⬜

③ ⬜⬜⬜⬜⬜⬜

② ⬜⬜⬜⬜⬜⬜

④ ⬜⬜⬜⬜⬜⬜

B 알맞은 단어를 골라 구를 완성한 다음 읽어보세요.

① school _____ 학교 일정
       schedule / scholar

③ _____ break 봄방학
       sprite / spring

② at _____ 학교에서
       Sprite / school

④ _____ a new teacher
       like / meet 새로운 선생님을 만나다

C 빈칸에 알맞은 단어를 넣어 문장을 완성한 다음 읽어보세요.

① It's _____! School is starting! 봄이다! 학교가 시작되요!

② I meet a new teacher and friends at _____. 새로운 선생님과 친구를 만나요.

③ Here is the school _____. 여기 학교 일정이 있어요.

④ I like to study but I like _____ break more!

       나는 공부를 좋아하지만 봄 방학이 더 좋아요!

Unit 41

str, scr

삼중자음

Step 1 단어를 듣고 읽어보세요.

41-01

str [스트ㄹ]

straw strawberry

strange strong

scr [스크ㄹ]

screen scream

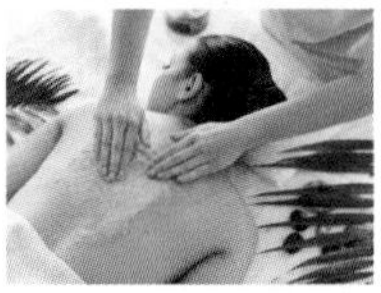

scrub scrapbook

Step 2 구를 듣고 읽어보세요.

41-02

make a scrapbook | favorite fruit | strange animals | strong daddy

Step 3 문장을 듣고 읽어보세요.

41-03

I am making a scrapbook about
my favorites.
My favorite fruit is strawberry.
I love strange animals like iguana.
I love my strong daddy the most!

Words | straw 빨대 strawberry 딸기 strange 이상한
strong 힘이 센 screen 화면 scream 소리지르다
scrub 문지르다 scrapbook 스크랩북

A 다음 그림을 보고 단어를 만들어 써 보세요.

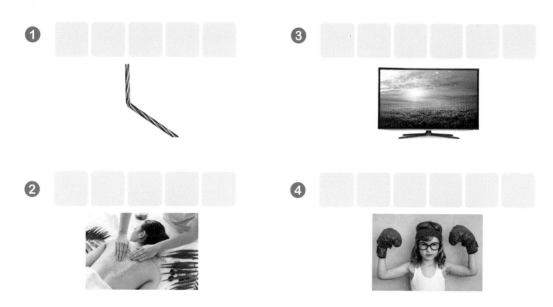

① ⬜⬜⬜⬜⬜

③ ⬜⬜⬜⬜⬜⬜

② ⬜⬜⬜⬜⬜

④ ⬜⬜⬜⬜⬜⬜

B 알맞은 단어를 골라 구를 완성한 다음 읽어보세요.

① make a _____
스크랩북을 만들다 screen / scrapbook

③ _____ animals
sprite / strange 이상한 동물

② _____ daddy 힘센 아빠
strong / strange

④ favorite _____
가장 좋아하는 과일 straw / fruit

C 빈칸에 알맞은 단어를 넣어 문장을 완성한 다음 읽어보세요.

① I am making a _____ about my favorites.

나는 내가 가장 좋아하는 것에 관해 스크랩북을 만들고 있어요.

② My favorite fruit is _____. 내가 가장 좋아하는 과일은 딸기예요.

③ I love _____ animals like iguana. 나는 이구아나처럼 이상한 동물을 좋아해요.

④ I love my _____ daddy the most! 나는 힘이 센 우리 아빠를 가장 사랑해요!

Unit 42

nd, nt

Step 1 단어를 듣고 읽어보세요. 42-01

nd [은ㄷ]

wind   band

pond   island

nt [은ㅌ]

plant   tent

bent   mint

Step 2 구를 듣고 읽어보세요. 42-02

went camping   put up the tent   because of the wind   far away

Step 3 문장을 듣고 읽어보세요. 42-03

Grant and Jen went camping
to the island. They put up the tent
by the pond. Because of the wind,
the tent was bent.
Oh! The wind blew their tent
far away.

Words | wind 바람 band 밴드 pond 연못
island 섬 plant 식물 tent 텐트
bent 구부러졌다(bend의 과거형) mint 박하

A 다음 그림을 보고 단어를 만들어 써 보세요.

① ☐ ☐ ☐ ☐

② ☐ ☐ ☐ ☐ ☐ ☐

③ ☐ ☐ ☐ ☐ ☐ ☐

④ ☐ ☐ ☐ ☐

B 알맞은 단어를 골라 구를 완성한 다음 읽어보세요.

① _____ camping
　sent / went　　캠핑을 갔다

③ because of the _____
바람 때문에　　　　band / wind

② put up the _____
텐트를 세우다　　tent / bent

④ far _____　멀리
　　　　away / from

C 빈칸에 알맞은 단어를 넣어 문장을 완성한 다음 읽어보세요.

① Grant and Jen went camping to the _____.

그랜트와 젠은 섬으로 캠핑을 갔어요.

② They put up the _____ by the pond. 그들은 연못 옆에 텐트를 세웠어요.

③ Because of the wind, the tent was _____. 바람 때문에 텐트가 구부러졌어요.

④ Oh! The wind blew their _____ far away.

오! 바람이 텐트를 저 멀리 날려 버렸어요.

Unit 43 — ng, nk

이중자음

Step 1 단어를 듣고 읽어보세요.

43-01

ng [응]

ring king

song wedding

nk [응크]

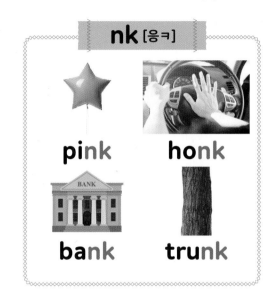

pink honk

bank trunk

Step 2 구를 듣고 읽어보세요.

43-02

sing a song   bring a ring   a pink dress   ring the bell

Step 3 문장을 듣고 읽어보세요.

43-03

Sing a song for the king's wedding.
He brings a ring for the queen.
The queen is wearing a pink dress.
Ding, ding, ring the bell for the
king and queen.

Words | ring 반지 king 왕 song 노래 wedding 결혼
pink 분홍 honk 빵빵(자동차 경적 소리)
bank 은행 trunk 나무의 몸통

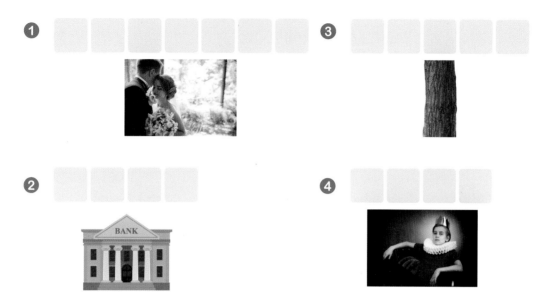

A 다음 그림을 보고 단어를 만들어 써 보세요.

❶ ☐☐☐☐☐☐☐

❸ ☐☐☐☐☐

❷ ☐☐☐☐

❹ ☐☐☐☐

B 알맞은 단어를 골라 구를 완성한 다음 읽어보세요.

❶ sing a _____ 노래를 부르다
   song / king

❸ _____ a ring 반지를 가져오다
   wedding / bring

❷ _____ the bell
   ring / sing 종을 울리다

❹ a _____ dress 분홍색 드레스
   blue / pink

C 빈칸에 알맞은 단어를 넣어 문장을 완성한 다음 읽어보세요.

❶ Sing a _____ for the king's wedding. 왕의 결혼식을 위해 노래를 불러라.

❷ He brings a _____ for the queen. 그는 여왕을 위해 반지를 가져왔어요.

❸ The queen is wearing a _____ dress. 여왕은 분홍 드레스를 입고 있어요.

❹ Ding, ding, ring the bell for the _____ and queen.

딩, 딩, 왕과 왕비를 위해 종을 울려라.

A 단어를 듣고 알맞은 소리를 찾아 써 보세요. R12-01

| sch | spr | scr | str | nd | nt | ng | nk |

① _____ ay ② mi _____ ③ weddi _____

④ _____ ub ⑤ isla _____ ⑥ _____ aw

B 잘 듣고 빈칸에 단어를 쓰고 알맞은 뜻을 연결해 보세요. R12-02

① put up the _____ •   • 종이 울리다

② _____ the bell •   • 텐트를 세우다

③ _____ break •   • 스크랩북을 만들다

④ make a _____ •   • 봄 방학

C 잘 듣고 빈 칸에 알맞은 단어를 써 보세요. R12-03

① I love _____ animals like iguana.

② Because of the _____, the tent was bent.

③ Ding, ding, ring the bell for the _____ and queen.

④ Here is the _____ schedule.

D 다음 단어와 같은 소리로 끝나거나 시작하는 단어의 그림을 연결해 보세요.

1 scholar   **2** ring   **3** bent   **4** honk

E 그림을 보고 알맞은 단어를 골라 구를 완성해 보세요.

1 bring a _____
ding / ring

3 my _____ daddy
strong / spring

2 to the _____
island / pond

4 slow _____
spoon / spider

F 그림을 보고 문장을 완성해 보세요.

1
He brings a _____ for the queen.

2
My favorite fruit is _____.

3
The wind blew their _____ far away.

Review 12   **123**

Reading Tip 03

To Be a Fluent Reader...
다양한 방법으로 읽기

① **큰 소리로 읽기** Read Aloud!

눈으로만 읽는 것보다 입을 움직여 소리내어 읽기를
해보세요. 발음도 좋아지고, 읽기 유창성도 향상되며,
어휘도 확장되고 자신감도 생깁니다.

② **메아리처럼 읽기** Echo Reading

음원이나 선생님이 읽어주는 것을 마치 메아리가 울
리듯 1-2초 후에 따라 읽는 것을 말합니다. 문장 단위
로 따라 읽을 수도 있고, 구 단위로 끊어서 따라 읽을
수도 있어요. 빠르게 읽기와 발음 향상에 큰 도움을
줍니다.

③ **둘이 같이 읽기** Paired Reading

혼자만 읽지 말고 파트너와 같이 읽어 보세요. 마치
연극 대사처럼 첫 줄은 내가, 둘째 줄은 네가 서로 번
갈아 가며 읽는 것입니다. 혼자 읽는 것보다 훨씬 재
미있게 읽을 수 있어요.

④ **합창하며 읽기** Choral Reading

마치 합창을 하듯 엄마나 선생님과 함께 다 같이 읽어
보세요. 혼자라면 CD나 mp3를 틀어놓고 읽어보세요.
교실에서 함께 공부하는 친구가 있으면 합창하며 읽
기를 해보세요.

Part 4

이중모음의 소리를 연습해요.

Double Vowels Sounds

이중모음	ay	ai	oy	oi	oa	ow
	ow	ou				
모음+r	ir	er	ur	ar	or	
이중모음	au	aw	ew	ow	ee	ea	ey
	oo	ui	ue				

Unit 44 ay, ai

이중모음

Step 1 단어를 듣고 읽어보세요.

🎧 44-01

ay [에이]

gray   pray

say   play

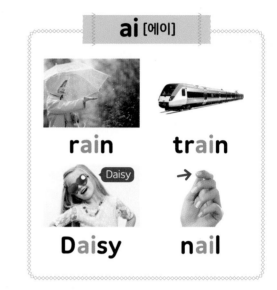

ai [에이]

rain   train

Daisy   nail

Step 2 구를 듣고 읽어보세요.

🎧 44-02

look at   gray clouds   like to play   in the rain

Step 3 문장을 듣고 읽어보세요.

🎧 44-03

Look at the gray clouds.
It is going to rain.
Daisy likes to play in the rain.
May likes to sing in the rain.

Words | gray 회색 pray 기도하다 say 말하다
play 놀다 rain 비가 오다 train 기차
Daisy 데이지(여자 이름) nail 손톱

A 다음 그림에 맞는 철자를 분류해서 써 보세요.

ay	say,

ai	train,

B 철자를 알맞게 배열해서 단어를 완성한 다음 읽어보세요.

❶ **gray** clouds 회색 구름
g, y, a, r

❸ _____ at 보다
k, o, l, o

❷ like to _____ 놀기를 좋아하다
y, p, a, l

❹ in the _____ 빗속에서
a, n, r, i

C 빈칸에 알맞은 단어를 넣어 문장을 완성한 다음 읽어보세요.

❶ Look at the **gray** clouds. 회색 구름을 봐라.

❷ It is going to _____. 비가 올 거 같아.

❸ Daisy likes to _____ in the rain. 데이지는 빗 속에서 노는 것을 좋아해.

❹ _____ likes to sing in the rain. 메이는 빗 속에서 노래 부르는 것을 좋아해.

Step
1

단어를 듣고 읽어보세요.

🎧 45-01

oy [오이]

toy

soy

cowboy

royal

oi [오이]

point

noisy

coin

voice

Step
2

구를 듣고 읽어보세요.

🎧 45-02

| a cool toy | with his toy | his voice | too noisy |

Step
3

문장을 듣고 읽어보세요.

🎧 45-03

A boy has a cool toy.
The toy is a cowboy.
The boy is playing with his toy.
His voice is too noisy, so he
wakes the baby.

Words | toy 장난감 soy 간장 cowboy 카우보이
royal 국왕[여왕]의 point 가리키다
noisy 시끄러운 coin 동전 voice 목소리

A 다음 그림에 맞는 철자를 분류해서 써 보세요.

oy

oi

B 철자를 알맞게 배열해서 단어를 완성한 다음 읽어보세요.

1 with his _____ 장난감을 가지고 3 a _____ toy 멋진 장난감

y, o, t   o, l, c, o

2 his _____ 그의 목소리 4 too _____ 너무 시끄러운

i, o, c, e, v   i, o, y, s, n

C 빈칸에 알맞은 단어를 넣어 문장을 완성한 다음 읽어보세요.

1 A boy has a cool _____. 한 소년이 멋진 장난감을 가지고 있어요.

2 The toy is a _____. 그 장난감은 카우보이 인형이에요.

3 The boy is playing with his _____. 그 소년은 장난감을 가지고 놀고 있어요.

4 His _____ is too noisy, so the baby wakes up.

그의 목소리가 너무 커서 아이가 잠이 깨네요.

oa, ow

이중모음

Step
1
단어를 듣고 읽어보세요.

46-01

oa [오우]

toad　　**goat**

coat　　**float**

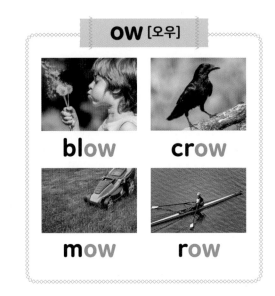

ow [오우]

blow　　**crow**

mow　　**row**

Step
2
구를 듣고 읽어보세요.

46-02

is rowing a boat　help the goat　blow hard　is sailing well

Step
3
문장을 듣고 읽어보세요.

46-03

A goat is rowing a boat.
A toad and a crow help the goat.
"Let's blow! Blow! Blow hard!"
The boat is sailing well.

Words | toad 두꺼비 goat 염소 coat 코트
float (물 위/공중에서) 떠가다 blow 입으로 불다
crow 까마귀 mow 잔디를 깎다 row 노를 젓다

A 다음 그림에 맞는 철자를 분류해서 써 보세요.

oa

ow

B 철자를 알맞게 배열해서 단어를 완성한 다음 읽어보세요.

❶ _____ hard 세게 불다

l, b, w, o

❸ help the _____ 염소를 돕다

o, t, g, a

❷ is rowing a _____

배의 노를 젓고 있다   a, o, b, t

❹ is _____ing well 잘 나아가고 있다

a, i. s, l

C 빈칸에 알맞은 단어를 넣어 문장을 완성한 다음 읽어보세요.

❶ A _____ is rowing a boat. 염소는 배의 노를 젓고 있어요.

❷ A _____ and a crow help the goat. 두꺼비와 까마귀도 염소를 도와줘요.

❸ "Let's _____! Blow! Blow hard!" "불어요! 불어요! 세게 불어요!"

❹ The _____ is sailing well. 배가 앞으로 잘 나가요.

Unit 47

ow, ou

이중모음

Step 1
단어를 듣고 읽어보세요.

 47-01

ow [아우]

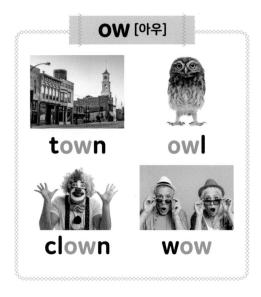

town **owl**

clown **wow**

ou [아우]

mouse **house**

shout

Step 2
구를 듣고 읽어보세요.

 47-02

went to school   a new hat   little owl   look good

Step 3
문장을 듣고 읽어보세요.

47-03

A little **ow**l went to school.
A m**ou**se wore a new hat.
The little owl sh**ou**ted out to
the m**ou**se.
"W**ow**! It looks good on you."

Words | town 마을 owl 부엉이 clown 광대
wow 와우 mouse 쥐 house 집
shout 소리 지르다

A 다음 그림에 맞는 철자를 분류해서 써 보세요.

(ow)

(ou)

B 철자를 알맞게 배열해서 단어를 완성한 다음 읽어보세요.

① look _____ 좋아 보이다

o, d, g, o

③ a _____ hat 새로운 모자

w, e, n

② little _____ 작은 부엉이

w, o, l

④ went to _____ 학교에 갔다

h, o, s, c, o, l

C 빈칸에 알맞은 단어를 넣어 문장을 완성한 다음 읽어보세요.

① A little _____ went to school. 작은 부엉이가 학교에 갔어요.

② A _____ wore a new hat. 쥐가 새 모자를 썼어요.

③ The little owl _____ ed out to the mouse.

작은 부엉이는 쥐에게 큰 소리로 말해요.

④ " _____ ! It looks good on you." "우와! 그거 너한테 정말 잘 어울려."

듣고
푸는
문제

A 단어를 듣고 알맞은 끝소리를 찾아 써 보세요. 🎧 R13-01

| ai | ay | oi | oy | oa | ow | ou |

① bl_____

② cr_____

③ r_____al

④ pl_____

⑤ t_____n

⑥ g_____t

B 잘 듣고 빈칸에 단어를 쓰고 알맞은 뜻을 연결해 보세요. 🎧 R13-02

① a new _____ •   • 그의 목소리

② his _____ •   • 노는 것을 좋아하다

③ like to _____ •   • 새 모자

④ _____ hard •   • 입으로 세게 불다

C 잘 듣고 빈 칸에 알맞은 단어를 써 보세요. 🎧 R13-03

① His voice is too _____.

② A _____ and crow help the goat.

③ A little _____ went to school.

④ It is going to _____.

D 다음 단어와 소리가 같은 단어의 그림을 연결해 보세요.

1 mouse   **2** train   **3** toad   **4** coin

E 그림을 보고 알맞은 단어를 골라 구를 완성해 보세요.

1 _____ clouds   **3** a cool _____

    pray / gray   toy / soy

2 help the _____   **4** little _____

    coat / goat   owl / wow

F 그림을 보고 문장을 완성해 보세요.

1    **2**    **3**

The _____ is playing with his toy.

A _____ wore a new hat.

The _____ is sailing well.

Unit 48

ir, er, ur

48-01

ir [어ㄹ]

bird   girl   stir

er [어ㄹ]

her   painter   water

ur [어ㄹ]

fur

curly

purple

Step 2 구를 듣고 읽어보세요.

48-02

| a bird and a girl | curly hair | purple feathers | is proud of |

Step 3 문장을 듣고 읽어보세요.

48-03

A painter draws a bird and a girl.
The girl has curly hair.
The bird has purple feathers.
The painter is proud of his drawing.

Words | bird 새 girl 여자 아이 stir 섞다
her 그녀의 painter 화가 water 물
fur 털 curly 곱슬곱슬한 purple 보라색의

A 다음 그림에 맞는 철자를 분류해서 써 보세요.

ir	er	ur

B 철자를 알맞게 배열해서 단어를 완성한 다음 읽어보세요.

① _____ feathers 보라색 깃털

p, p, u, r, l, e

③ is _____ of 자랑으로 여기다

r, o, p, u, d

② a bird and a _____ 새와 소녀

i, r, g, l

④ _____ hair 곱슬머리

u, r, c, l, y

C 빈칸에 알맞은 단어를 넣어 문장을 완성한 다음 읽어보세요.

① A painter draws a _____ and a girl. 한 화가가 새와 여자 아이를 그려요.

② The girl has _____ hair. 그 여자 아이는 곱슬머리예요.

③ The bird has _____ feathers. 그 새는 깃털이 보라색이에요.

④ The _____ is proud of his drawing. 그 화가는 자신의 그림이 자랑스러워요.

ar, or

Step 1 단어를 듣고 읽어보세요.

 49-01

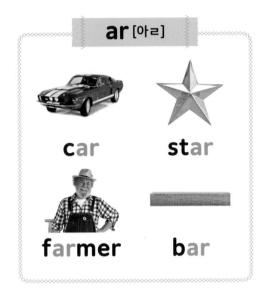

ar [아ㄹ]

car   star

farmer   bar

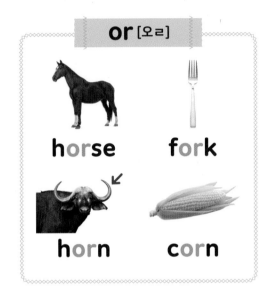

or [오ㄹ]

horse   fork

horn   corn

Step 2 구를 듣고 읽어보세요.

 49-02

a farmer   got a bump   on his head   fed the corn

Step 3 문장을 듣고 읽어보세요.

49-03

A farmer had a horse.
The horse ran into the car.
The horse got a bump on his head.
"Poor thing!" He fed the corn to
the horse.

Words | car 자동차 star 별 farmer 농부
bar 막대기 horse 말 fork 포크
horn 뿔 corn 옥수수

A 다음 그림에 맞는 철자를 분류해서 써 보세요.

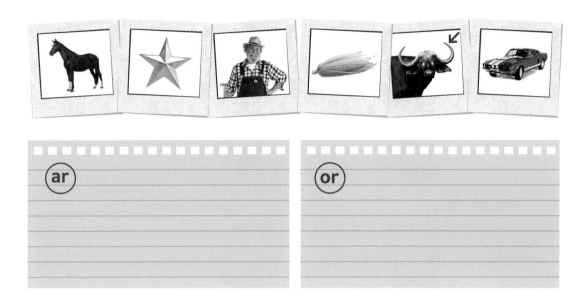

ar	or

B 철자를 알맞게 배열해서 단어를 완성한 다음 읽어보세요.

❶ on his _____ 머리 위에

　　　e, h, a, d

❸ _____ a bump 혹이 났다

　　　t, o, g

❷ a _____ 한 농부

　　　r, a, m, f, e, r

❹ fed the _____ 옥수수를 먹이로 주다

　　　r, n, o, c

C 빈칸에 알맞은 단어를 넣어 문장을 완성한 다음 읽어보세요.

❶ A farmer had a _____. 한 농부는 말 한 마리가 있었어요.

❷ The horse ran into the _____. 그 말은 차에 부딪혔어요.

❸ The horse got a bump on his _____. 그 말은 이마에 혹이 났어요.

❹ "Poor thing!"He fed the corn to the _____.

"가엾어라!" 그는 말에게 옥수수를 먹이로 주었어요.

듣고
푸는
문제

A 단어를 듣고 알맞은 소리를 찾아 써 보세요. 🎧 R14-01

ir	ar	er	or	ur

① f_____mer ② b_____d ③ b_____

④ f_____ ⑤ c_____n ⑥ wat_____

B 잘 듣고 빈칸에 단어를 쓰고 알맞은 뜻을 연결해 보세요. 🎧 R14-02

① is _____ of •   • 곱슬머리

② to the _____ •   • 자랑스러워하다

③ _____hair •   • 말에게

④ on his _____ •   • 그의 머리에

C 잘 듣고 빈 칸에 알맞은 단어를 써 보세요. 🎧 R14-03

① The girl has _____ hair.

② A farmer had a _____.

③ The _____ is proud of his drawing.

④ The horse ran into the _____.

D 다음 단어와 같은 소리가 들어간 단어의 그림을 연결해 보세요.

1 car   **2** girl   **3** horn   **4** painter

• • • •

• • • •

E 그림을 보고 알맞은 단어를 골라 구를 완성해 보세요.

1 had a _____
horn / horse

3 a _____
farmer / painter

2 _____ feathers
purple / pink

4 a bird and a _____
curl / girl

F 그림을 보고 문장을 완성해 보세요.

1

He fed the _____ to the horse.

2

A painter draws a _____ and a girl.

Step 1

단어를 듣고 읽어보세요.

50-01

au [어]

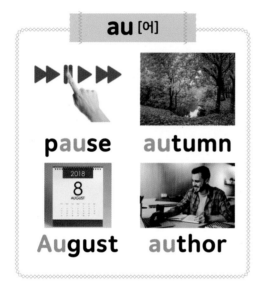

pause   autumn

August   author

aw [어]

seesaw   crawl

awesome   draw

Step 2

구를 듣고 읽어보세요.

50-02

has gone   autumn trees   in the playground   on the seesaw

Step 3

문장을 듣고 읽어보세요.

50-03

August has gone and October has come.
Autumn is here! It's awesome!
We are drawing autumn trees in the playground.
He draws me on the seesaw.

Words | pause 멈추다 autumn 가을 August 8월
author 작가, 저자 seesaw 시소
crawl 기어다니다 awesome 굉장한 draw 그리다

A 다음 그림에 맞는 철자를 분류해서 써 보세요.

(au)

(aw)

B 철자를 알맞게 배열해서 단어를 완성한 다음 읽어보세요.

❶ ＿＿＿＿＿＿＿ trees 가을 나무

u, t, m, n, u, a

❸ has ＿＿＿＿＿＿ 가버렸다

o, n, g, e

❷ in the ＿＿＿＿＿＿ 놀이터에서

d, p, y, l, a, r, o, u, g, n

❹ on the ＿＿＿＿＿＿ 시소 위에서

e, s, a, e, s, w

C 빈칸에 알맞은 단어를 넣어 문장을 완성한 다음 읽어보세요.

❶ ＿＿＿＿＿＿＿ has gone and October has come. 8월은 가고 10월이 왔어요.

❷ Autumn is here! It's ＿＿＿＿＿＿＿! 가을이 왔네요! 멋져요!

❸ We are drawing ＿＿＿＿＿＿＿ trees in the playground.
우리는 놀이터에서 가을 나무를 그리고 있어요.

❹ He draws me on the ＿＿＿＿＿＿＿. 그는 시소 위에 있는 나를 그려요.

Unit 51 — ew, ow

 이중모음

Step 1 단어를 듣고 읽어보세요. 🎧 51-01

ew [우/유]

new   chew

stew   nephew

ow [아우]

cow   howl

now   gown

Step 2 구를 듣고 읽어보세요. 🎧 51-02

hot stew   make it cool   a bone to chew   chew the gown

Step 3 문장을 듣고 읽어보세요. 🎧 51-03

My nephew is eating a hot stew.
He blows the stew to make it cool.
He gives his dog a bone to chew.
But the dog is chewing the
gown now.

Words │ new 새로운 chew 씹다 stew 국
nephew (남자) 조카 cow 소 howl (길게)울다
now 지금 gown 드레스

A 다음 그림에 맞는 철자를 분류해서 써 보세요.

(ew)

(ow)

B 철자를 알맞게 배열해서 단어를 완성한 다음 읽어보세요.

① hot _____ 뜨거운 국

t, w, e, s

③ a bone to _____ 씹을 뼈다귀

c, h, w, e

② chew the _____ 드레스를 씹다

w, n, g, o

④ _____ it cool 차게 식히다

a, k, m, e

C 빈칸에 알맞은 단어를 넣어 문장을 완성한 다음 읽어보세요.

① My _____ is eating a hot stew. 내 조카가 뜨거운 국을 먹고 있어요.

② He blows the _____ to make it cool. 그는 식히기 위해 국을 불고 있어요.

③ He gives his dog a bone to _____. 그는 개에게 씹을 뼈다귀를 주어요.

④ But the dog is chewing the _____ now.

그런데 개는 지금 드레스를 씹고 있어요.

Unit 52

ee, ea, ey

Step 1 단어를 듣고 읽어보세요. 52-01

ee [이]

need   **sheep**   **weekend**

ea [이]

tea   **beach**   **clean**

ey [이]

donkey

honey

Step 2 구를 듣고 읽어보세요. 52-02

| to the beach | clean towels | milk tea with honey | have a vacation |

Step 3 문장을 듣고 읽어보세요. 52-03

A sheep and a donkey are going
to the beach.
They need clean towels.
They need milk tea with honey.
They are going to have a vacation
until the weekend.

Words | need 필요하다 sheep 양 weekend 주말
tea 차 beach 해변 clean 청소하다; 깨끗한
donkey 당나귀 honey 꿀

A 다음 그림에 맞는 철자를 분류해서 써 보세요.

ee	ea	ey

B 철자를 알맞게 배열해서 단어를 완성한 다음 읽어보세요.

① milk tea with _____ 꿀 넣은 밀크티

e, h, o, n, y

③ have a _____ 휴가를 보내다

a, v, t, i, c, a, n, o

② to the _____ 해변으로

e, b. a. h. c

④ _____ towels 깨끗한 타월

e, a, l, c, n

C 빈칸에 알맞은 단어를 넣어 문장을 완성한 다음 읽어보세요.

① A sheep and a donkey are going to the _____ .

양과 당나귀가 해변에 가고 있어요.

② They _____ clean towels. 그들은 깨끗한 타월이 필요해요.

③ They need milk tea with _____ . 그들은 꿀 넣은 밀크티가 필요해요.

④ They are going to have a vacation until the _____ .

그들은 주말까지 휴가를 보낼 거예요.

oo, ue, ui

이중모음

단어를 듣고 읽어보세요.   53-01

oo [으/우]

food   **cook**   **wood**

ue [우]

glue   **blueberry**   **tissue**

ui [우]

fruit

juice

구를 듣고 읽어보세요.   53-02

need some food   want to eat   blueberry juice   get some fruit

문장을 듣고 읽어보세요.   53-03

A: I am hungry. I need some f**oo**d.
B: I am c**oo**king for you. What do
   you want to eat?
A: I'd like bl**ue**berry j**ui**ce.
B: I don't need to c**oo**k. Let's get
   some fr**ui**t.

Words | food 음식 cook 요리하다 wood 나무
glue 풀 blueberry 블루베리 tissue 티슈
fruit 과일 juice 쥬스

A 다음 그림에 맞는 철자를 분류해서 써 보세요.

oo	ui	ue

B 철자를 알맞게 배열해서 단어를 완성한 다음 읽어보세요.

① want to _____ 먹고 싶다
     t, e, a

③ orange _____ 오렌지 쥬스
     e, i, j, c, u

② _____ some food
     e, n, e, d   음식이 필요하다

④ get some _____ 과일을 가져오다
     f, u, r, i, t

C 빈칸에 알맞은 단어를 넣어 문장을 완성한 다음 읽어보세요.

① I am hungry. I need some _____. 배고파요. 음식이 필요해요.

② I am _____ for you. What do you want to eat?
내가 요리해 줄게. 뭐가 먹고 싶니?

③ I'd like blueberry _____. 블루베리 주스를 먹고 싶어요.

④ I don't need to cook. Let's get some _____.
요리할 필요가 없겠다. 과일을 좀 가져오자.

A 단어를 듣고 알맞은 소리를 찾아 써 보세요. 🎧 R15-01

au aw ew ow ee ea ey oo ui ue

① c_____k

② _____thor

③ n_____

④ b_____ch

⑤ cr_____l

⑥ sh_____p

B 잘 듣고 빈칸에 단어를 쓰고 알맞은 뜻을 연결해 보세요. 🎧 R15-02

① clean_____s •

② _____some food •

③ on the_____ •

④ a bone to_____ •

• 음식이 필요하다

• 깨끗한 수건

• 씹을 뼈다귀

• 시소 위에서

C 잘 듣고 빈 칸에 알맞은 단어를 써 보세요. 🎧 R15-03

① He blows the _____ to make it cool.

② We are drawing _____ trees in the playground.

③ I'd like _____ juice.

④ They are going to have a vacation until the _____.

보고
푸는
문제

D 다음 단어와 같은 소리가 들어간 단어의 그림을 연결해 보세요.

1 donkey   **2** juice   **3** pause   **4** gown

E 그림을 보고 알맞은 단어를 골라 구를 완성해 보세요.

1 hot _____

stew / new

3 in the _____

playground / seesaw

2 milk _____

tea / clean

4 _____ the gown

chew / nephew

F 그림을 보고 문장을 완성해 보세요.

1 The dog is chewing the _____.

2 We are drawing _____ trees.

3 I am _____ing for you.

Reading Tip 04

To Be a Fluent Reader
감정을 살려 표현하며 읽기

① 다양한 목소리를 시도해 보기 Try different voices!

문장의 분위기에 맞춰 목소리를 다양하게 바꿔보세요. 예를 들어 슬픈 사람, 말이 빠른 사람, 속삭이듯 말하는 사람, 씩씩한 카우보이, 무서운 괴물, 최첨단 로봇, 사랑스러운 공주, 장난꾸러기 아이 등 어떤 캐릭터를 표현하느냐에 따라 다른 목소리를 연기하듯이 읽으면 감정을 다양하고 풍부하게 표현할 수 있습니다.

② 구두법을 지켜서 읽기 Pay attention to puctuation

구두법은 라이팅을 할 때도 중요하지만 읽기를 할 때도 문장에 활력을 불어 넣을 수 있습니다. 예를 들어, 영어를 읽을 때 처음부터 끝까지 같은 속도로 읽는 게 아니라 콤마(,)가 나오면 적당한 포즈pause를 주는 등 구두법을 지켜서 읽으면 좀더 영어 답게 읽을 수 있습니다.

> ! 느낌표 exclamation point 멈추고 목소리의 톤을 올립니다.
>
> . 마침표 period 잠시 멈춘 후 읽기를 이어 나갑니다.
>
> ? 물음표 question marks 끝을 올려서 읽습니다.
>
> , 콤마 comma 잠시 숨을 고르면서 쉬었다가 읽기를 합니다.
>
> " " 따옴표 quotation marks 따옴표 안에 말한 캐릭터를 상상하면서 말하듯이 읽습니다.

③ 음의 높이에 변화를 주기 Make your voices go up and down

영어는 억양intonation과 강세accent가 드러나는 리듬 언어라는 점에서 한국어와 크게 다릅니다. 음의 높이를 살려 읽으면 좀더 유창하게 영어를 읽을 수 있습니다. 대부분 문장은 시작할 때 음을 높였다가 문장이 끝날 때 음을 낮춥니다. 하지만 의문문은 끝을 올려줘야 합니다.

④ 중요한 단어들은 더 크게 읽기 Say some words louder than others.

보통 내용상 중요한 단어들동사, 명사, 형용사은 중요하지 않은 단어들전치사, 관사, 부사, 접속사보다 크고 세게 읽습니다.

특별부록

① Alphabet Beginning Sounds Chart
알파벳 첫소리 발음 차트

② Sight Words List
사이트 워드 목록

③ Story Card
스토리 카드

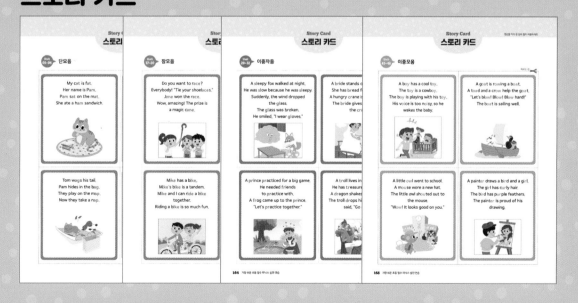

Alphabet Beginning Sounds Chart
알파벳 첫소리 발음 차트

A [애]
apple

B [ㅂ]
burger

C [ㅋ]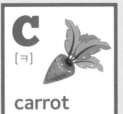
carrot

D [ㄷ]
dandelion

E [에]
egg

F [ㅍ]
frog

G [ㄱ]
garlic

H [ㅎ]
honeycomb

I [이/아이]
icicle

J [쥐]
jellyfish

K [ㅋ]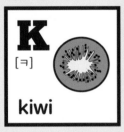
kiwi

L [ㄹ]
leaf

M [ㅁ]
mushroom

N [ㄴ]
nut

O [아]
orange

P [ㅍ]
pizza

Q [ㅋ]
quince

R [뤄]
rose

S [ㅆ]
snail

T [ㅌ]
toucan

U [어/유]
umbrella

V [ㅂ]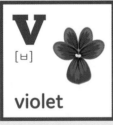
violet

W [워]
watermelon

X [ㅋㅆ]
xylophone

Y [이여]
yarn

Z [ㅈ]
zucchini

사이트 워드 목록

① **사이트 워드** Sight Words **란?**

사이트 워드는 책에 자주 등장해서 아이들이 해독하지 않고 바로 읽어내야 하는 단어를 말합니다. 읽기에서 자주 등장하고 사용되기 때문에 High Frequency(고 빈출 어휘)라고 불리기도 해요. 여기서는 Dolch Sight Words List 중 빈도순으로 정리된 것을 제시했습니다.

② **사이트 워드** Sight Words **를 익히면 무엇이 좋나요?**

영어 읽기를 처음 시작하는 학생들이 이 사이트 워드를 습득하고 있으면 책 읽기가 훨씬 수월하게 느껴지고 영어책 읽기에 흥미를 느끼게 됩니다. 이것은 책에 자주 나오는 단어를 외우고 있으면 자동성 automaticity 이 높아지기 때문입니다. 책을 읽을 때 학생들이 많은 시간을 단어를 이해하려고 시간을 쓰다 보면 책의 내용을 잊어버릴 수 있는데 자동성이 높아지면 최소한의 노력으로 단어 의미를 파악할 수 있으므로 읽기 능력을 향상 시킬 수 있습니다.

③ **사이트 워드** Sight Words **를 익히는 방법**

사이트 워드를 익힐 때는 목록에 나오는 단어들을 자주 읽어 보게 하면 좋습니다. 목록 자체를 벽에 붙여 놓고 자주 보게 합니다. 특히 잘 눈에 안 들어오는 단어들은 직접 카드를 만들어서 빙고 같은 게임을 하거나 영어 잡지에서 배운 사이트 워드를 찾아보게 해도 재밌게 외울 수 있습니다.

Sight Words List

1	the*	to*	and*	he*	a*	I*	you*	it*	of*	in*	was
	said*	his*	that*	she*	for*	on*	they*	but*	had*	at*	him*
2	with*	up*	all	look*	is*	her	there*	some*	out*	as	be*
	have*	go*	we*	am*	then*	little*	down	do*	can*	could*	when*
3	did*	what	so*	see*	not	were	get*	them*	like*	one*	this*
	my*	would	me*	will	yes	big*	went*	are	come*	if	now*
4	long	no*	came*	ask	very*	an	over	your*	its*	ride*	into*
	just	blue*	red*	from	good*	any	about*	around	want*	don't*	how*
5	know	right	put*	too*	got*	take*	where*	every*	pretty	jump	green*
	four	away*	old	by*	their*	here*	saw	call	after	well*	think
6	ran*	let*	help*	make*	going*	sleep*	brown	yellow	five*	six	walk*
	two*	or	before	eat*	again	play*	who	been	may*	stop*	off
7	never	seven	eight	cold	today*	fly*	myself	round	tell	much*	keep
	give*	work	first*	try*	new*	must	start*	black*	white	ten	does
8	bring*	goes	write*	always*	drink	once*	soon	made	run*	gave*	open
	has*	find*	only	us	three*	our	better	hold	buy*	funny*	warm
9	ate*	full*	those	done	use	fast*	say	light	pick	hurt	pull
	cut*	kind	both	sit*	which	fall	carry	small*	under*	read	why
10	own	found*	wash	show*	hot*	because*	far*	live*	draw*	clean*	grow
	best	upon	these	sing*	together*	please	thank	wish	many	shall	laugh

* 표시된 단어는 스토리에 쓰인 단어입니다. 이 단어를 우선적으로 익히면 스토리의 문장을 더 수월하게 읽을 수 있습니다.

Unit 01~04 단모음

자르는 선 ✂

My cat is fat.
Her name is Pam.
Pam sat on the mat.
She ate a ham sandwich.

Today is a sad day.
I want to play with my dad,
but I can't.
I can't stop crying.
My dog ran to me. Now I feel good.

Tom wags his tail.
Pam hides in the bag.
They play on the map.
Now they take a nap.

Santa lived in the dell.
He put on a red coat.
He fed the reindeers.
He rang the bell and said,
"Let's go."

스토리 카드

자르는 선 ✂

My p**e**t's name is Gr**e**g.
Gr**e**g is fast like a j**e**t.
Gr**e**g ran to a thief and bit his l**e**g.
I caught him in a n**e**t.

Three m**en** lived in the d**en**.
One day, they saved a h**en**.
The h**en** laid many g**e**ms.
They sold th**em** and could
buy a house.

A k**id** h**id** the f**ig** in the ground.
A b**ig** p**ig** likes to d**ig**.
He started to d**ig** to find it.
Oh! A mole found the f**ig**
and ate it.

J**ill**! Let's go for a tr**ip**.
We are going to take a sh**ip**.
F**ill** your water bottle
with hot cocoa.
Be careful! Don't sp**ill** your cocoa.

스토리 카드

Unit 09~12 단모음

자르는 선 ✂

Jack and Jill s**i**t on the b**i**n.
Jack pops the balloon with a p**i**n.
Jill is surprised so
she h**i**ts the ball.
The ball h**i**ts Jack. "Ouch!"

My fr**o**g is h**o**pping on the l**o**g.
He wants to h**o**p with the d**o**g.
My d**o**g doesn't like to h**o**p
on the l**o**g.
So she said, "St**o**p the fr**o**g!"

The f**o**x's name is B**o**b.
He is hungry.
There is corn soup in the p**o**t.
B**o**b tries to touch the h**o**t p**o**t!
B**o**b! Do n**o**t touch the p**o**t. It's h**o**t!

Can you see a b**u**g in dad's m**u**g?
No! My dad is drinking b**u**g tea!
He is sitting on a r**u**g.
Oh! There is g**u**m on the r**u**g.

스토리 카드

점선을 따라 한 장씩 잘라 사용하세요.

Unit 13~16 단모음 / 장모음

자르는 선 ✂

A **cub** cracks the nut with a knife.
Ouch! She has a **cut** in her paw.
A pup takes her in her **hut**.
Her mom p**ut** m**ud** on her c**ut**.

R**un**! R**un**! R**un** in the s**un**!
It's f**un** to r**un** in the s**un**!
Up! **Up**! Climb **up** the tree!
It's f**un** to be **up** in the tree!

W**ake** up, J**ake**!
It's 9 o'clock. It's l**ate**.
K**ate** is waiting in the l**ake**.
Let's sk**ate** with her.

An **ape** was in a cage.
He lost a magic c**ape**.
His friend c**ame** to see him.
She gave him the s**ame** c**ape**.
"This is for you."

스토리 카드

Unit 17~20 장모음

자르는 선 ✂

Do you want to race?
Everybody! "Tie your shoelaces."
Jane won the race.
Wow, amazing! The prize is
a magic cane.

Let me show you my favorite picture.
He is Steve. She is Fiona.
This is me.
We are all friends.

Mike has a bike.
Mike's bike is a tandem.
Mike and I can ride a bike
together.
Riding a bike is so much fun.

Five monkeys played in the water.
They swam and dived.
They ate a slice of pizza for lunch.
Ice cream was for dessert.
"How delicious!"

스토리 카드

Unit 21~24 장모음

자르는 선 ✂

There is a pine tree.
Nine hives are inside it.
My kite hangs in the branch.
Ouch! A bee bites me
on the nose.

The mole is digging a hole.
He wants to build a home.
He needs a pole to build a home.
He wants to make a dome
in the hole.

The dog is home alone.
He usually plays with a bone.
He is tying a rope on the bone.
Oh, no! He throws the bone
out the window.

My favorite flower is a rose.
I have a garden full of roses.
I have a note with a rose.
My nose likes to smell roses.

Unit 25~28 장모음 / 이중자음

자르는 선 ✂

My brother is so cute.
He likes to play with a cube.
He always puts the cube
in his bag.
He brings the cube everywhere.

The duke gave a jukebox to Luke.
Luke's mule liked it very much.
When the music plays, the mule
sings. Luke and the mule listen
to the music every day.

Blake and Claire went
to the market.
He bought a black clock.
She bought blue blocks.
They put them in the classroom.

A fly flew in the kitchen.
The fly wanted something to eat.
The fly found a plate on the
table.
"Sweet plums on the plate."

이중자음

자르는 선 ✂

A **sl**eepy fox walked at night.
He was **sl**ow because he was **sl**eepy.
Suddenly, the wind dropped
the **gl**ass.
The **gl**ass was broken.
He smiled, "I wear **gl**oves."

A **br**ide stands on the **br**idge.
She has **br**ead for **br**eakfast.
A hungry **cr**ane is by the **br**ide.
The **br**ide gives the **cr**ust to
the **cr**ane.

A **pr**ince **pr**acticed for a big game.
He needed **fr**iends
to **pr**actice with.
A **fr**og came up to the **pr**ince.
"Let's **pr**actice together."

A **tr**oll lives in a big **tr**ee.
He has **tr**easure in the **tr**ee.
A **dr**agon shakes the big tree.
The troll **dr**ops his treasure and
said, "Go away!"

Unit 33~36 이중자음

자르는 선 ✂

A **wr**iter **wr**ites stories every day.
Sometimes he looks at
the **gr**een **gr**ass.
His cat plays on the **gr**een **gr**ass.
The **wr**iter **gr**ins at him.

I have a **ch**ick and
her name is **Ch**uck.
She loves to eat **ch**erries.
Chuck and I go to the **sh**op.
The **sh**op is **sh**ut, so we are sad.

My ne**ph**ew won a tro**ph**y in the race.
I gave him two **th**umbs-up.
I took some **ph**otos of him.
This is his **th**ird time this year.

I like winter because we have **sn**ow.
I can **sk**i in winter.
I can **sk**ate in winter.
I can make a **sn**owman too.

Unit 37~40 이중자음

자르는 선 ✂

First, draw a **sq**uare in the middle.
Next, draw a **sw**an in the **sq**uare.
And then, draw a **sq**uid by the **sw**an.
Finally, draw that they are eating
sweet candies.

Stacy visited her grandma's house.
She read a **st**ory about a **sl**ow **sp**ider.
The **sp**ider always rides a **sl**ed.
The **st**ory was fun so she didn't
want to **sl**eep.

My sister is **sm**art and
always **sm**iles.
She likes to wear a red **sc**arf.
She has a good sense of **sm**ell.
She is **sc**ared of **sm**all bugs.

It's **sp**ring! **Sch**ool is starting!
I meet a new teacher
and friends at **sch**ool.
Here is the **sch**ool **sch**edule.
I like to study but I like
spring break more!

스토리 카드

Unit 41~44 이중자음 / 이중모음

자르는 선 ✂

I am making a **scr**apbook
about my favorites.
My favorite fruit is **str**awberry.
I love **str**ange animals like iguana.
I love my **str**ong daddy the most!

Gra**nt** and Jen we**nt** camping
to the isla**nd**.
They put up the te**nt** by the po**nd**.
Because of the wi**nd**,
the te**nt** was be**nt**.
Oh! The wi**nd** blew their te**nt**
far away.

Si**ng** a so**ng** for the ki**ng**'s weddi**ng**.
He bri**ng**s a ri**ng** for the queen.
The queen is weari**ng** a pi**nk** dress.
Di**ng**, di**ng**, ri**ng** the bell for the
ki**ng** and queen.

Look at the gr**ay** clouds.
It is going to r**ai**n.
D**ai**sy likes to pl**ay** in the r**ai**n.
M**ay** likes to sing in the r**ai**n.

Unit 45~48 이중모음

자르는 선 ✂

A b**oy** has a cool t**oy**.
The t**oy** is a cowb**oy**.
The b**oy** is playing with his t**oy**.
His v**oi**ce is too n**oi**sy, so he
wakes the baby.

A g**oa**t is r**ow**ing a b**oa**t.
A t**oa**d and a cr**ow** help the g**oa**t.
"Let's bl**ow**! Bl**ow**! Bl**ow** hard!"
The b**oa**t is sailing well.

A little **owl** went to school.
A m**ou**se wore a new hat.
The little owl sh**ou**ted out to
the mouse.
"W**ow**! It looks good on you."

A paint**er** draws a b**ir**d and a g**ir**l.
The g**ir**l has c**ur**ly hair.
The b**ir**d has p**ur**ple feathers.
The paint**er** is proud of his
drawing.

Unit 49~52 이중모음

자르는 선 ✂

A farmer had a horse.
The horse ran into the car.
The horse got a bump on his head.
"Poor thing!" He fed the corn to
the horse.

August has gone and October
has come.
Autumn is here! It's awesome!
We are drawing autumn trees
in the playground.
He draws me on the seesaw.

My nephew is eating a hot stew.
He blows the stew to make it cool.
He gives his dog a bone to chew.
But the dog is chewing
the gown now.

A sheep and a donkey are going
to the beach.
They need clean towels.
They need milk tea with honey.
They are going to have a vacation
until the weekend.

Unit 53 이중모음

자르는 선 ✂

A: I am hungry. I need some food.

B: I am cooking for you. What do you want to eat?

A: I'd like blueberry juice.

B: I don't need to cook. Let's get some fruit.

가장 쉬운
초등 필수 파닉스
실전 연습

Story Card
스토리 카드

A 다음 문자를 조합해서 단어를 만들어 써 보세요.

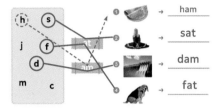

① → ham
② → sat
③ → dam
④ → fat

B 단어를 찾아 동그라미해서 구를 완성한 다음 읽어보세요.

① on the __mat__ 매트 위에
② my __cat__ 나의 고양이
③ __ham__ sandwich 햄 샌드위치
④ her __name__ 그녀의 이름

C 빈칸에 알맞은 단어를 넣어 문장을 완성한 다음 읽어보세요.

① My cat is __fat__ . 나의 고양이는 뚱뚱해요.
② Her name is __Pam__ . 그 고양이의 이름은 팸입니다.
③ Pam __sat__ on the __mat__ . 팸은 매트 위에 앉았어요.
④ She ate a __ham__ sandwich. 그녀는 햄 샌드위치를 먹었어요.

Unit 01 **at, am** 11

A 다음 문자를 조합해서 단어를 만들어 써 보세요.

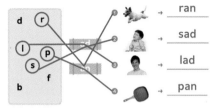

① → ran
② → sad
③ → lad
④ → pan

B 단어를 찾아 동그라미해서 구를 완성한 다음 읽어보세요.

① __stop__ crying ~을 멈추다
② my __dad__ 우리 아빠
③ a __sad__ day 슬픈 날
④ __ran__ to ~에게 달려갔다

C 빈칸에 알맞은 단어를 넣어 문장을 완성한 다음 읽어보세요.

① Today is a __sad__ day. 오늘은 슬픈 날이에요.
② I want to play with my __dad__ , but I can't. 아빠하고 놀고 싶었는데, 그럴 수 없었어요.
③ I __can__ 't stop crying. 눈물이 멈추지 않았어요.
④ My dog __ran__ to me. Now I feel good. 우리 강아지가 나에게 달려왔어요. 이제 기분이 좋아졌어요.

Unit 02 **ad, an** 13

A 다음 문자를 조합해서 단어를 만들어 써 보세요.

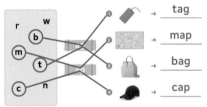

① → tag
② → map
③ → bag
④ → cap

B 단어를 찾아 동그라미해서 구를 완성한 다음 읽어보세요.

① his __tail__ 그의 꼬리
② __take__ a nap 낮잠을 자다
③ on the __map__ 지도 위에서
④ __in__ the bag 가방 안에서

C 빈칸에 알맞은 단어를 넣어 문장을 완성한 다음 읽어보세요.

① Tom __wag__ s his tail. 톰은 꼬리를 흔들어요.
② Pam hides in the __bag__ . 팸은 가방에 숨어요.
③ They play on the __map__ . 그들은 지도 위에서 놀아요.
④ Now they take a __nap__ . 이제 그들은 낮잠을 자요.

Unit 03 **ag, ap** 15

Review 01

A 단어를 듣고 알맞은 끝소리를 찾아 써 보세요. R01-01

| at | am | ad | an | ag | ap |

① s __at__
② s __ad__
③ t __ag__
④ j __am__
⑤ p __an__
⑥ c __ap__

B 잘 듣고 빈칸에 단어를 쓰고 알맞은 뜻을 연결해 보세요. R01-02

① my __cat__
② on the __mat__
③ a __sad__ day
④ in the __bag__

· 가방 안에서
· 슬픈 날에
· 매트 위에서
· 나의 고양이

C 잘 듣고 빈칸에 알맞은 단어를 써 보세요. R01-03

① Her name is __Pam__ .
② I __can__ 't stop crying.
③ My dog __ran__ to me.
④ They play on the __mat__ .

16 가장 쉬운 초등 필수 파닉스 실전 연습

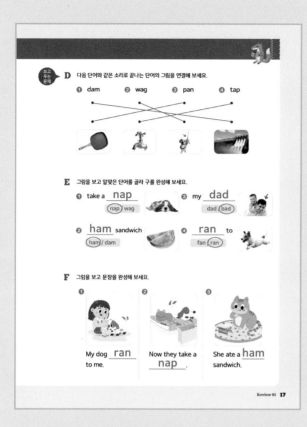

D 다음 단어와 같은 소리로 끝나는 단어의 그림을 연결해 보세요.

❶ dam ❷ wag ❸ pan ❹ tap

E 그림을 보고 알맞은 단어를 골라 구를 완성해 보세요.

❶ take a **nap** (nap) wag
❸ my **dad** (dad) bad
❷ **ham** sandwich (ham) dam
❹ **ran** to fan (ran)

F 그림을 보고 문장을 완성해 보세요.

❶ My dog **ran** to me.
❷ Now they take a **nap**.
❸ She ate a **ham** sandwich.

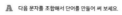

Unit 04

A 다음 문자를 조합해서 단어를 만들어 써 보세요.

❶ → **bell**
❷ → **red**
❸ → **fell**
❹ → **wed**

B 단어를 찾아 동그라미해서 구를 완성한 다음 읽어보세요.

❶ **lived** in ~에 살았다
❷ **fed** the reindeers 사슴들에게 먹이를 주다
❸ put **on** 옷을 입었다
❹ rang the **bell** 벨을 울리다

C 빈칸에 알맞은 단어를 넣어 문장을 완성한 다음 읽어보세요.

❶ Santa lived in the **dell**. 산타할아버지는 작은 계곡에 살았어요.
❷ He put on a **red** coat. 그는 빨간색 코트를 입었어요.
❸ He **fed** the reindeers. 그는 사슴들에게 먹이를 주었어요.
❹ He rang the **bell** and said, "Let's go." 그는 종을 울리고 말했어요. "가자"

Unit 05

A 다음 문자를 조합해서 단어를 만들어 써 보세요.

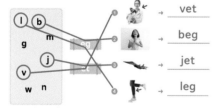

❶ → **vet**
❷ → **beg**
❸ → **jet**
❹ → **leg**

B 단어를 찾아 동그라미해서 구를 완성한 다음 읽어보세요.

❶ in a **net** 그물로
❷ **like** a jet 제트기처럼
❸ to a **thief** 도둑을 향해
❹ his **leg** 그의 다리

C 빈칸에 알맞은 단어를 넣어 문장을 완성한 다음 읽어보세요.

❶ My pet's name is **Greg**. 우리집 애완견 이름은 그렉이에요.
❷ Greg is fast like a **jet**. 그렉은 제트기처럼 빨라요.
❸ Greg ran to a thief and bit his **leg**.
그렉은 도둑을 향해 뛰어가 그의 다리를 물었어요.
❹ I caught him in a **net**. 나는 그를 그물로 잡았어요.

Unit 06

A 다음 문자를 조합해서 단어를 만들어 써 보세요.

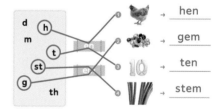

❶ → **hen**
❷ → **gem**
❸ → **ten**
❹ → **stem**

B 단어를 찾아 동그라미해서 구를 완성한 다음 읽어보세요.

❶ one **day** 어느날
❷ in the **den** 굴속에서
❸ many **gem**s 많은 보석들
❹ **buy** a house 집을 사다

C 빈칸에 알맞은 단어를 넣어 문장을 완성한 다음 읽어보세요.

❶ Three men lived in the **den**. 세 남자가 굴속에 살았어요.
❷ One day, they saved a **hen**. 어느 날, 그들은 암탉을 구해주었어요.
❸ The **hen** laid many **gem**s. 그 암탉은 많은 보석을 낳았어요.
❹ They sold **them** and could buy a house.
그들은 그것들을 팔아서 집을 살 수 있었어요.

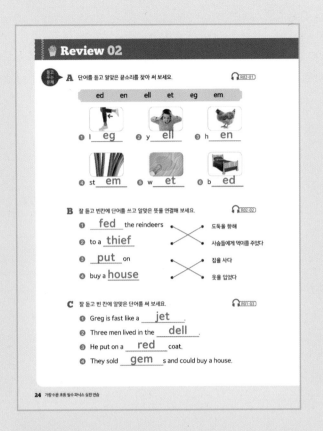

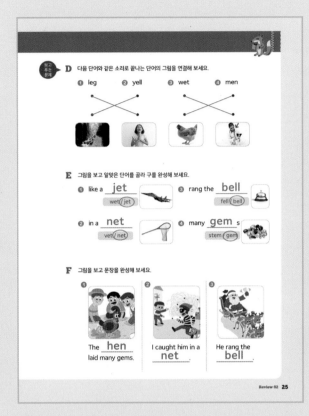

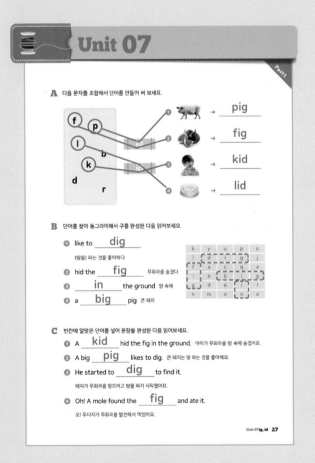

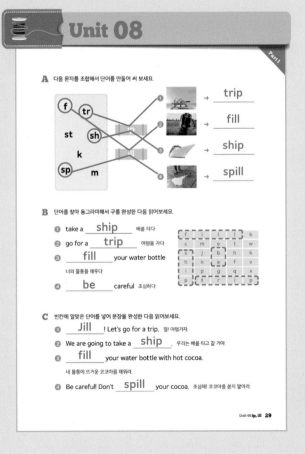

Unit 09

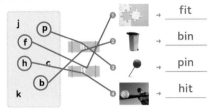

A 다음 문자를 조합해서 단어를 만들어 써 보세요.

j
p
f
h c
b
k

① → fit
② → bin
③ → pin
④ → hit

B 단어를 찾아 동그라미해서 구를 완성한 다음 읽어보세요.

① with a **pin** 핀을 가지고
② on the **bin** 통 위에
③ **hit** the ball 공을 치다
④ **pop** the balloons
풍선을 터뜨리다

C 빈칸에 알맞은 단어를 넣어 문장을 완성한 다음 읽어보세요.

① Jack and Jill **sit** on the bin. 잭과 질은 통 위에 앉아요.
② Jack pops the balloon with a **pin** . 잭이 핀으로 풍선을 터뜨려요.
③ Jill is surprised so she **hit** s the ball. 질이 깜짝 놀라서 공을 찼어요.
④ The ball **Hit** s Jack, "Ouch!" 공이 잭을 찼어요. "아야!"

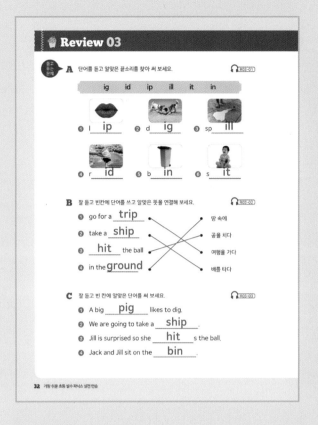

🧁 Review 03

A 단어를 듣고 알맞은 끝소리를 찾아 써 보세요. 🎧R03-01

| ig | id | ip | ill | it | in |

① l **ip** ② d **ig** ③ sp **ill**
④ r **id** ⑤ b **in** ⑥ s **it**

B 잘 듣고 빈칸에 단어를 쓰고 알맞은 뜻을 연결해 보세요. 🎧R03-02

① go for a **trip** — 땅 속에
② take a **ship** — 공을 치다
③ **hit** the ball — 여행을 가다
④ in the **ground** — 배를 타다

C 잘 듣고 빈칸에 알맞은 단어를 써 보세요. 🎧R03-03

① A big **pig** likes to dig.
② We are going to take a **ship** .
③ Jill is surprised so she **hit** s the ball.
④ Jack and Jill sit on the **bin** .

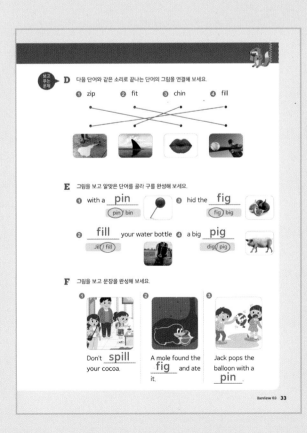

D 다음 단어와 같은 소리로 끝나는 단어의 그림을 연결해 보세요.

① zip ② fit ③ chin ④ fill

E 그림을 보고 알맞은 단어를 골라 구를 완성해 보세요.

① with a **pin** (pin / bin)
② **fill** your water bottle (Jill / fill)
③ hid the **fig** (fig / big)
④ a big **pig** (dig / pig)

F 그림을 보고 문장을 완성해 보세요.

① Don't **spill** your cocoa.
② A mole found the **fig** and ate it.
③ Jack pops the balloon with a **pin** .

Unit 10

A 다음 문자를 조합해서 단어를 만들어 써 보세요.

fr w
h d
j
st
p

① → stop
② → frog
③ → dog
④ → hop

B 단어를 찾아 동그라미해서 구를 완성한 다음 읽어보세요.

① on the **log** 통나무 위에
② want to **hop**
깡총깡총 뛰고 싶다
③ stop the **frog** 개구리를 멈추다
④ with the **dog** 개와 함께

C 빈칸에 알맞은 단어를 넣어 문장을 완성한 다음 읽어보세요.

① My **frog** is hopping on the log. 내 개구리는 통나무 위에서 뛰고 있어요.
② He wants to **hop** with the dog. 개구리는 개와 함께 뛰고 싶어요.
③ My **dog** doesn't like to hop on the log.
내 개는 통나무 위에서 뛰는 것을 좋아하지 않아요.
④ So she said, " **stop** the frog!" 그래서 개는 "개구리를 멈춰라!"라고 말했어요.

A 다음 문자를 조합해서 단어를 만들어 써 보세요.

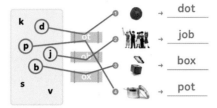

→ dot
→ job
→ box
→ pot

B 단어를 찾아 동그라미해서 구를 완성한 다음 읽어보세요.

❶ corn __soup__ 옥수수 스프
❷ try to __touch__ 만지려고 하다
❸ the __fox__ 's name 여우의 이름
❹ __do__ not touch 만지지 않다

C 빈칸에 알맞은 단어를 넣어 문장을 완성한 다음 읽어보세요.

❶ The __fox__ 's name is Bob. He is hungry.
여우의 이름은 밥이에요. 그는 배가 고파요.

❷ There is corn soup in the __pot__ . 냄비에 옥수수 수프가 있어요.

❸ __Bob__ tries to touch the hot pot! 밥은 뜨거운 냄비를 만지려고 해요.

❹ "Bob! Do not touch the pot. It's __hot__ r
"밥! 냄비를 만지지마. 뜨거워!"

A 다음 문자를 조합해서 단어를 만들어 써 보세요.

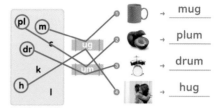

→ mug
→ plum
→ drum
→ hug

B 단어를 찾아 동그라미해서 구를 완성한 다음 읽어보세요.

❶ dad's __mug__ 아빠의 머그잔
❷ __gum__ on the rug 러그 위에 껌
❸ bug __tea__ 벌레 차
❹ see a __bug__ 벌레를 보다

C 빈칸에 알맞은 단어를 넣어 문장을 완성한 다음 읽어보세요.

❶ Can you see a bug in dad's __mug__ ? 아빠의 머그잔에 벌레가 보이나요?

❷ No! My dad is drinking __bug__ tea! 안돼! 우리 아빠가 벌레차를 마시고 있어요!

❸ He is sitting on a __rug__ . 아빠는 러그 위에 앉아 있어요.

❹ Oh! There is __gum__ on the rug. 오! 러그 위에 껌이 있어요.

A 다음 문자를 조합해서 단어를 만들어 써 보세요.

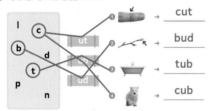

→ cut
→ bud
→ tub
→ cub

B 단어를 찾아 동그라미해서 구를 완성한 다음 읽어보세요.

❶ crack the __nut__ 견과류를 쪼개다
❷ put __mud__ 진흙을 바르다
❸ in her __hut__ 그녀의 오두막에서
❹ in her __paw__ 그녀의 발에서

C 빈칸에 알맞은 단어를 넣어 문장을 완성한 다음 읽어보세요.

❶ A __cub__ cracks the nut with a knife. 새끼 곰이 칼로 견과류를 잘라요.

❷ Ouch! She has a __cut__ in her paw. 아야! 곰은 발에 상처가 생겼어요.

❸ A pup takes her in her __hut__ .
강아지는 그녀를 곰의 오두막으로 데려갔어요.

❹ Her mom put __mud__ on her cut. 엄마가 상처에 진흙을 발라 주어요.

A 다음 문자를 조합해서 단어를 만들어 써 보세요.

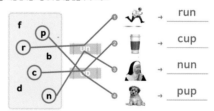

→ run
→ cup
→ nun
→ pup

B 단어를 찾아 동그라미해서 구를 완성한 다음 읽어보세요.

❶ climb __up__ 오르다
❷ fun to __run__
달리는 것이 재미있는

❸ __in__ the tree 나무 속에
❹ in the __sun__ 태양 아래서

C 빈칸에 알맞은 단어를 넣어 문장을 완성한 다음 읽어보세요.

❶ Run! Run! Run in the __sun__ ! 달려! 달려! 태양 아래서 달려라!

❷ It's fun to __run__ in the sun! 태양 아래서 달리는 것은 재미있어!

❸ Up! Up! Climb __up__ the tree! 위로! 위로! 나무를 올라라!

❹ It's __fun__ to be up in the tree! 나무를 오르는 것은 재미있어!

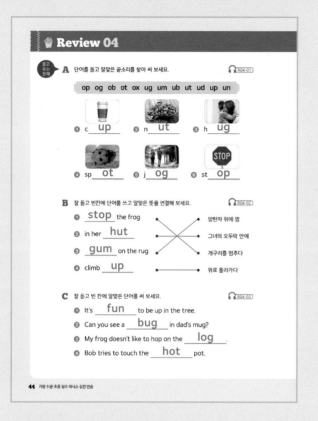

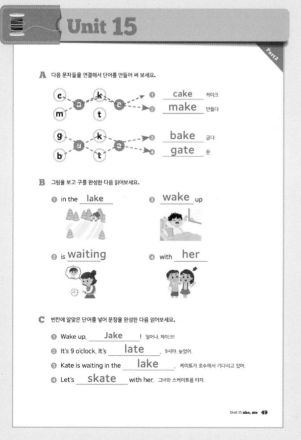

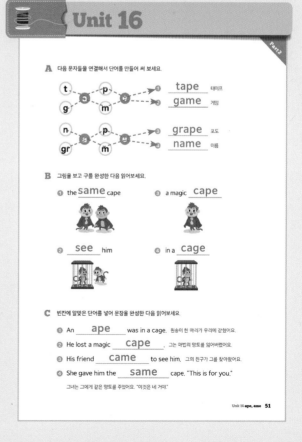

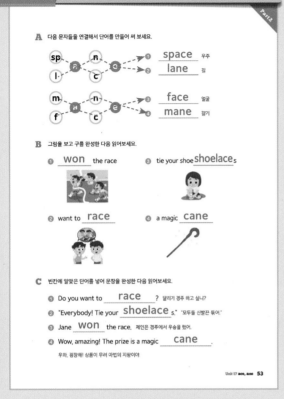

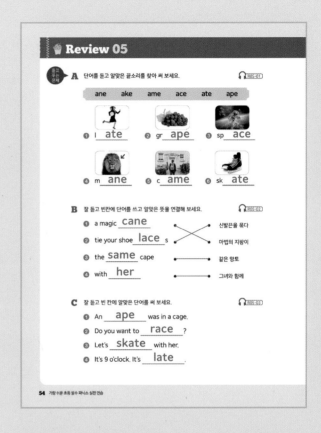

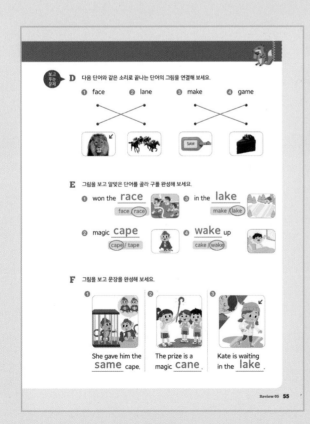

Unit 19

A 다음 문자들을 연결해서 단어를 만들어 써 보세요.

① <u>hike</u> 하이킹하다, 등산하다
② <u>ride</u> 타다
③ <u>like</u> 좋아하다
④ <u>wide</u> 넓은

B 그림을 보고 구를 완성한 다음 읽어보세요.

① a <u>tandem</u>   ③ has a <u>bike</u>

② <u>Mike</u> and I   ④ so much <u>fun</u>

C 빈칸에 알맞은 단어를 넣어 문장을 완성한 다음 읽어보세요.

① <u>Mike</u> has a bike. 마이크는 자전거가 한 대 있어요.
② Mike's <u>bike</u> is a tandem. 마이크의 자전거는 2인용이에요.
③ Mike and I can <u>ride</u> a bike together.
마이크와 나는 함께 자전거를 탈 수 있어요.
④ Riding a <u>bike</u> is so much fun. 자전거 타기는 정말 재미있어요.

Unit 19 **ike, ide** **59**

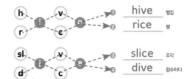

Unit 20

A 다음 문자들을 연결해서 단어를 만들어 써 보세요.

① <u>hive</u> 벌집
② <u>rice</u> 쌀
③ <u>slice</u> 조각
④ <u>dive</u> 잠수하다

B 그림을 보고 구를 완성한 다음 읽어보세요.

① a <u>slice</u> of pizza   ③ <u>ice</u> cream

② played in the <u>water</u>   ④ swam and <u>dive</u>d

C 빈칸에 알맞은 단어를 넣어 문장을 완성한 다음 읽어보세요.

① <u>Five</u> monkeys played in the water. 원숭이 다섯 마리가 물속에서 놀았어요.
② They swam and <u>dive</u>d. 수영과 다이빙을 했어요.
③ They ate a <u>slice</u> of pizza for lunch.
그들은 점심으로 피자 한 조각을 먹었어요.
④ <u>Ice</u> cream was for dessert. "How delicious!"
디저트로는 아이스크림을 먹었어요. "정말 맛있어요!"

Unit 20 **ice, ive** **61**

Unit 21

A 다음 문자들을 연결해서 단어를 만들어 써 보세요.

① <u>white</u> 흰색
② <u>nine</u> 9
③ <u>line</u> 줄
④ <u>invite</u> 초대하다

B 그림을 보고 구를 완성한 다음 읽어보세요.

① a <u>pine</u> tree   ③ <u>nine</u> hives

② my <u>kite</u>   ④ <u>bite</u> me

C 빈칸에 알맞은 단어를 넣어 문장을 완성한 다음 읽어보세요.

① There is a <u>pine</u> tree. 소나무 한 그루가 있어요.
② <u>Nine</u> hives are inside it. 아홉 개의 벌집이 그 안에 있어요.
③ My <u>kite</u> hangs in the branch. 내 연이 나뭇가지에 걸렸어요.
④ Ouch! A bee <u>bite</u>s me on the nose. 아야! 벌한테 코를 쏘였어요.

Unit 21 **ite, ine** **63**

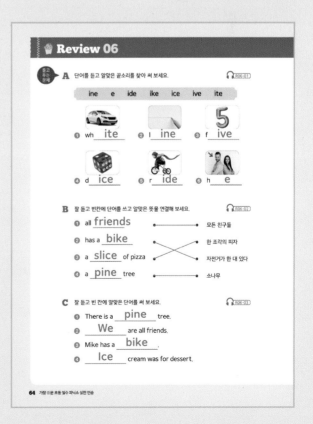

Review 06

A 단어를 듣고 알맞은 끝소리를 찾아 써 보세요. R06-01

ine e ide ike ice ive ite

① wh <u>ite</u>   ② l <u>ine</u>   ③ f <u>ive</u>

④ d <u>ice</u>   ⑤ r <u>ide</u>   ⑥ h <u>e</u>

B 잘 듣고 빈칸에 단어를 쓰고 알맞은 뜻을 연결해 보세요. R06-02

① all <u>friends</u> •   • 모든 친구들
② has a <u>bike</u> •   • 한 조각의 피자
③ a <u>slice</u> of pizza •   • 자전거가 한 대 있다
④ a <u>pine</u> tree •   • 소나무

C 잘 듣고 빈 칸에 알맞은 단어를 써 보세요. R06-03

① There is a <u>pine</u> tree.
② <u>We</u> are all friends.
③ Mike has a <u>bike</u>.
④ <u>Ice</u> cream was for dessert.

64 가장 쉬운 초등 필수 파닉스 실전 연습

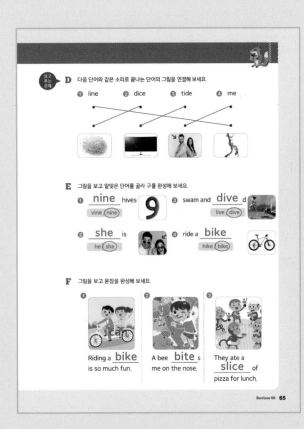

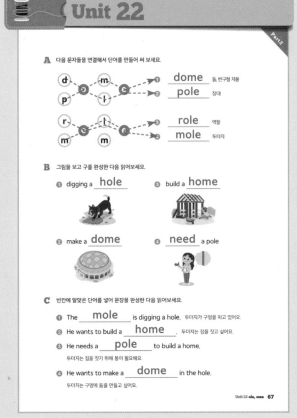

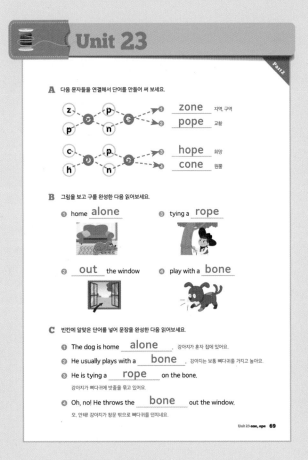

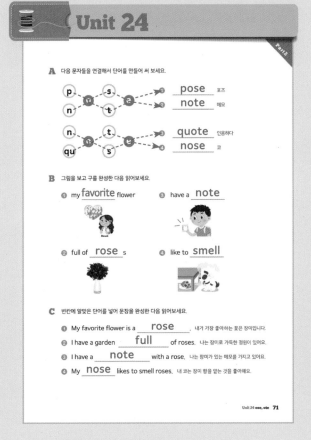

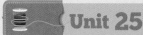

Unit 25

A 다음 문자들을 연결해서 단어를 만들어 써 보세요.

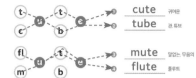

① **cute** 귀여운
② **tube** 관, 튜브
③ **mute** 말없는, 무음의
④ **flute** 플루트

B 그림을 보고 구를 완성한 다음 읽어보세요.

① put the **cube**
② **play** with a cube

③ my **brother**
④ in his **bag**

C 빈칸에 알맞은 단어를 넣어 문장을 완성한 다음 읽어보세요.

① My brother is so **cute** 내 남동생은 정말 귀여워요.
② He likes to play with a **cube** 그는 큐브를 가지고 노는 것을 좋아해요.
③ He always puts the **cube** in his bag.
그는 가방에 항상 큐브를 넣어요.
④ He brings the **cube** everywhere.
그는 큐브를 어디나 가지고 다녀요.

Unit 25 ube, ute **73**

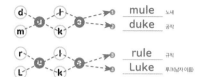

Unit 26

A 다음 문자들을 연결해서 단어를 만들어 써 보세요.

① **mule** 노새
② **duke** 공작
③ **rule** 규칙
④ **Luke** 루크(남자 이름)

B 그림을 보고 구를 완성한 다음 읽어보세요.

① gave a **juke** box
② Luke's **mule**

③ **music** plays
④ **listen** to the music

C 빈칸에 알맞은 단어를 넣어 문장을 완성한 다음 읽어보세요.

① The duke gave a **juke** box to Luke. 공작이 루크에게 쥬크박스를 주었어요.
② **Luke** 's mule liked it very much. 루크의 노새가 쥬크박스를 매우 좋아했어요.
③ When the music plays, the **mule** sings.
음악이 연주되면 노새는 노래를 불러요.
④ **Luke** and the mule listen to the music every day.
루크와 노새는 매일 음악을 들어요.

Unit 26 uke, ule **75**

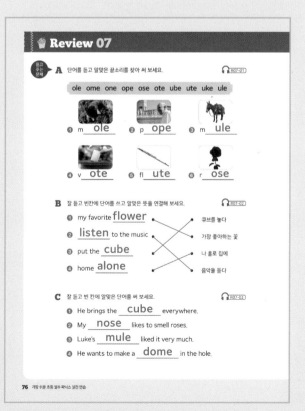

Review 07

A 단어를 듣고 알맞은 끝소리를 찾아 써 보세요. R07-01

ole ome one ope ose ote ube ute uke ule

① m **ole**
② p **ope**
③ m **ule**
④ v **ote**
⑤ fl **ute**
⑥ r **ose**

B 잘 듣고 빈칸에 단어를 쓰고 알맞은 뜻을 연결해 보세요. R07-02

① my favorite **flower** — 가장 좋아하는 꽃
② **listen** to the music — 음악을 듣다
③ put the **cube** — 큐브를 놓다
④ home **alone** — 나 홀로 집에

C 잘 듣고 빈칸에 알맞은 단어를 써 보세요. R07-03

① He brings the **cube** everywhere.
② My **nose** likes to smell roses.
③ Luke's **mule** liked it very much.
④ He wants to make a **dome** in the hole.

76 가장 쉬운 초등 필수 파닉스 실전 연습

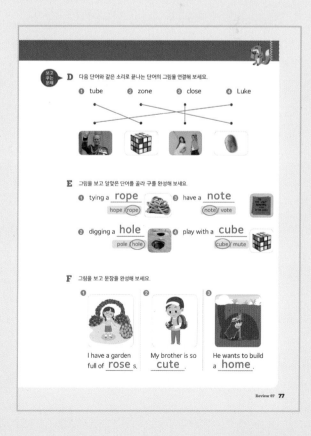

D 다음 단어와 같은 소리로 끝나는 단어의 그림을 연결해 보세요.

① tube ② zone ③ close ④ Luke

E 그림을 보고 알맞은 단어를 골라 구를 완성해 보세요.

① tying a **rope** hope (rope)
② digging a **hole** pole (hole)
③ have a **note** (note) vote
④ play with a **cube** (cube) mute

F 그림을 보고 문장을 완성해 보세요.

① I have a garden full of **rose** s.
② My brother is so **cute**.
③ He wants to build a **home**.

Review 07 **77**

Answer Keys 181

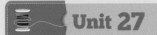

A 다음 그림을 보고 단어를 만들어 써 보세요.

❶ b l u e
❸ c l o u d
❷ c l o c k
❹ b l o c k

B 알맞은 단어를 골라 구를 완성한 다음 읽어보세요.

❶ a **black** clock 검은 시계
Blake / (black)

❸ in the **classroom** 교실에
(classroom) / clock

❷ to the **market** 시장에
(market) / block

❹ **blue** blocks 파란색 블록
(blue) / cloud

C 빈칸에 알맞은 단어를 넣어 문장을 완성한 다음 읽어보세요.

❶ **Blake** and Claire went to the market.
블레이크와 클레어는 시장에 갔어요.

❷ He bought a black **clock**. 그는 검은 색 시계를 샀어요.

❸ She bought **blue** blocks. 그녀는 파란색 블록을 샀어요.

❹ They put them in the **classroom**. 그들은 그것들을 교실에 두었어요.

Unit 27 bl, cl **81**

A 다음 그림을 보고 단어를 만들어 써 보세요.

❶ f l a g
❸ p l a n e
❷ f l o w e r
❹ p l a y

B 알맞은 단어를 골라 구를 완성한 다음 읽어보세요.

❶ on the **table** 탁자 위에
desk / (table)

❸ **sweet** plums 달콤한 자두
(sweet) / spicy

❷ in the **kitchen** 부엌에
(kitchen) / bedroom

❹ something to **eat** 먹을 것
buy / (eat)

C 빈칸에 알맞은 단어를 넣어 문장을 완성한 다음 읽어보세요.

❶ A fly **flew** in the kitchen. 파리 한 마리가 부엌에서 날고 있었어요.

❷ The **fly** wanted something to eat. 그 파리는 무언가 먹고 싶었어요.

❸ The fly found a **plate** on the table. 파리는 식탁에서 접시를 발견했어요.

❹ "Sweet **plum**s on the plate." "접시에 맛있는 자두가 있네!"

Unit 28 fl, pl **83**

A 다음 그림을 보고 단어를 만들어 써 보세요.

❶ s l e e p y
❸ g l a d
❷ g l o b e
❹ s l i p

B 알맞은 단어를 골라 구를 완성한 다음 읽어보세요.

❶ wear **gloves** 장갑을 끼다
socks / (gloves)

❸ dropped the **glass** 컵을 떨어뜨렸다
(glass) / plate

❷ was **slow** 느렸다
(slow) / fast

❹ a **sleepy** fox 졸린 여우
clever / (sleepy)

C 빈칸에 알맞은 단어를 넣어 문장을 완성한 다음 읽어보세요.

❶ A **sleepy** fox walked at night. 졸린 여우가 밤에 걷고 있었어요.

❷ He was **slow** because he was sleepy. 여우는 느렸어요. 엄청 졸렸거든요.

❸ Suddenly, the wind dropped the **glass**. The glass was boken.
갑자기 바람에 유리컵이 바닥에 떨어졌어요. 컵이 깨졌어요.

❹ He smiled, "I wear **gloves**." 여우는 미소를 지었어요. "나는 장갑을 꼈지."

Unit 29 gl, sl **85**

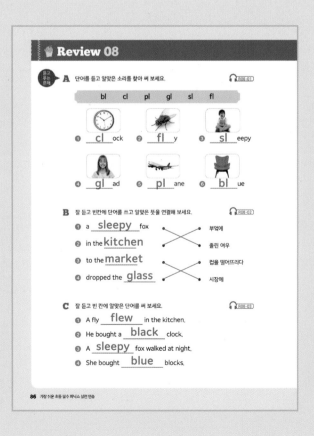

🍰 **Review 08**

A 단어를 듣고 알맞은 소리를 찾아 써 보세요. 🎧 R08-01

| bl | cl | pl | gl | sl | fl |

❶ **cl**ock
❷ **fl**y
❸ **sl**eepy
❹ **gl**ad
❺ **pl**ane
❻ **bl**ue

B 잘 듣고 빈칸에 단어를 쓰고 알맞은 뜻을 연결해 보세요. 🎧 R08-02

❶ a **sleepy** fox ─ 졸린 여우
❷ in the **kitchen** ─ 부엌에
❸ to the **market** ─ 컵을 떨어뜨리다
❹ dropped the **glass** ─ 시장에

C 잘 듣고 빈 칸에 알맞은 단어를 써 보세요. 🎧 R08-03

❶ A fly **flew** in the kitchen.
❷ He bought a **black** clock.
❸ A **sleepy** fox walked at night.
❹ She bought **blue** blocks.

86 가장 쉬운 초등 필수 파닉스 실전 연습

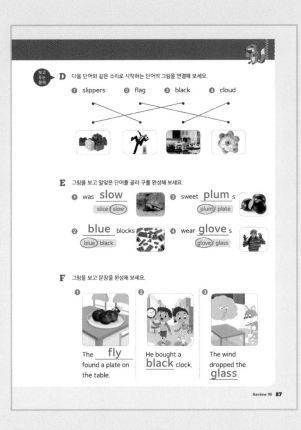

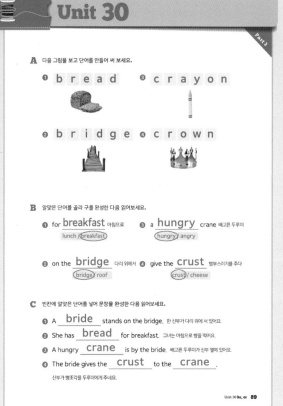

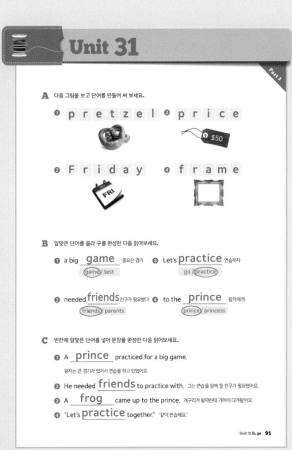

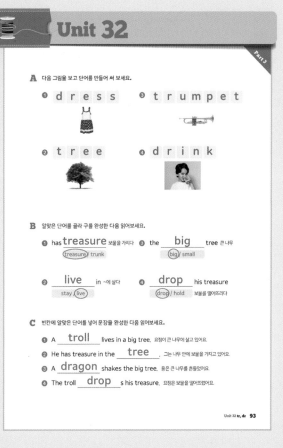

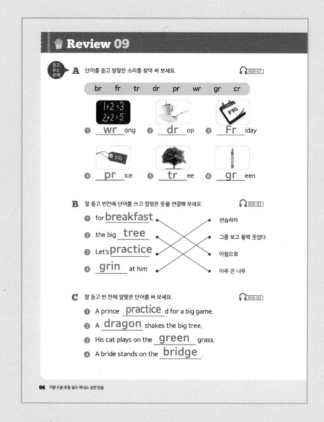

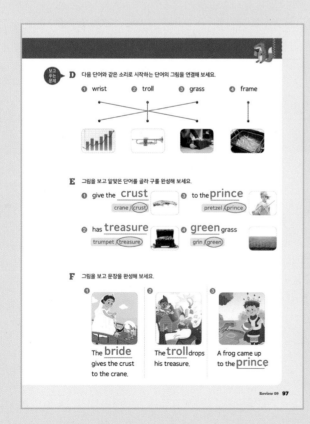

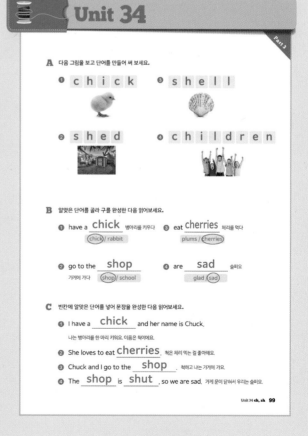

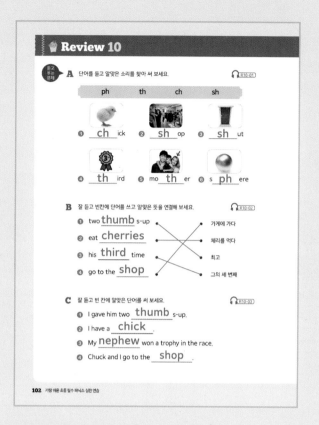

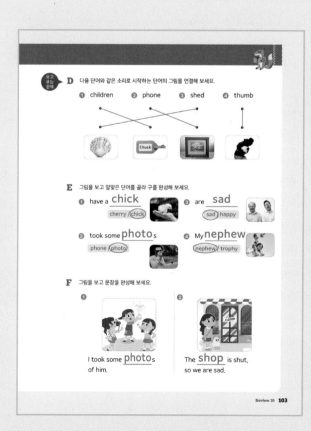

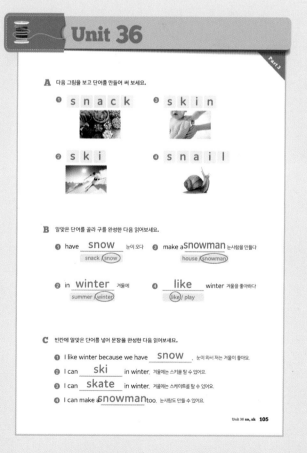

Unit 37

A 다음 그림을 보고 단어를 만들어 써 보세요.

❶ s q u a r e

❸ s w i m

❷ s w a n

❹ s q u e a k

B 알맞은 단어를 골라 구를 완성한 다음 읽어보세요.

❶ draw a **square** 사각형을 그리다
square / triangle

❸ **sweet** candies 단 사탕
delicious / sweet

❷ in the **middle** 가운데에
middle / end

❹ by the **swan** 백조 옆에
squid / swan

C 빈칸에 알맞은 단어를 넣어 문장을 완성한 다음 읽어보세요.

❶ First, draw a **square** in the middle. 첫번째, 가운데 사각형을 그리세요.

❷ Next, draw a **swan** in the square. 다음, 사각형 안에 백조를 그리세요.

❸ And then, draw a **squid** by the swan. 그리고 나서, 백조 옆에 오징어를 그리세요.

❹ Finally, draw that they are eating **sweet** candies.
마지막으로 그들이 달콤한 사탕을 먹는 것을 그리세요.

Unit 38

A 다음 그림을 보고 단어를 만들어 써 보세요.

❶ s t o r y

❸ s p o o n

❷ s l e d

❹ s t a r t

B 알맞은 단어를 골라 구를 완성한 다음 읽어보세요.

❶ grandma's **house** 할머니의 집
house / bag

❸ ride a **sled** 썰매를 타다
sled / skate

❷ slow **spider** 느린 거미
sponge / spider

❹ read a **story** 이야기를 읽다
story / newspaper

C 빈칸에 알맞은 단어를 넣어 문장을 완성한 다음 읽어보세요.

❶ **Stacy** visited her grandma's house. 스테이시는 할머니 집에 방문했어요.

❷ She read a story about a **slow** spider.
스테이시는 느린 거미에 관한 책을 읽었어요.

❸ The **spider** always rides a sled. 거미는 항상 썰매를 타요.

❹ The **Story** was fun so she didn't want to sleep.
이야기가 재미있어서 그녀는 자고 싶지 않았어요.

Unit 39

A 다음 그림을 보고 단어를 만들어 써 보세요.

❶ s m a l l

❸ s c o r e

❷ s c o o p

❹ s m e l l

B 알맞은 단어를 골라 구를 완성한 다음 읽어보세요.

❶ a red **scarf** 빨간 목도리
scarf / scoop

❸ sense of **smell** 후각
small / smell

❷ like to **wear** 입기를 좋아하다
wear / sing

❹ **scared** of bugs 벌레를 무서워하는
like / scared

C 빈칸에 알맞은 단어를 넣어 문장을 완성한 다음 읽어보세요.

❶ My sister is **smart** and always smiles.
내 여동생은 똑똑하고 항상 웃어요.

❷ She likes to wear a red **scarf**. 그녀는 빨간 목도리를 하는 것을 좋아해요.

❸ She has a good sense of **smell**. 그녀는 후각이 좋아요.

❹ She is scared of **small** bugs. 그녀는 작은 벌레를 무서워해요.

Review 11

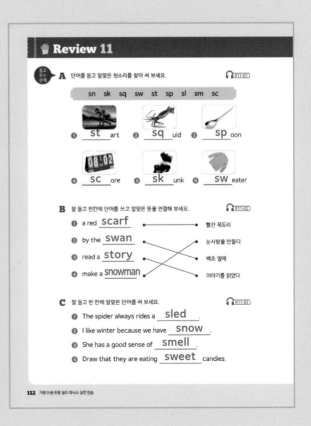

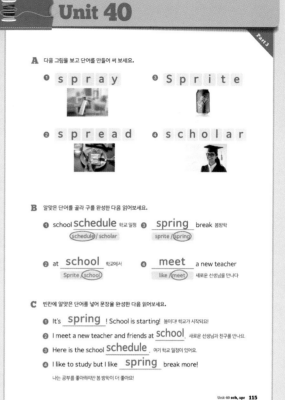

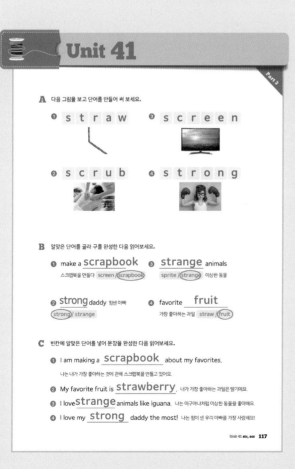

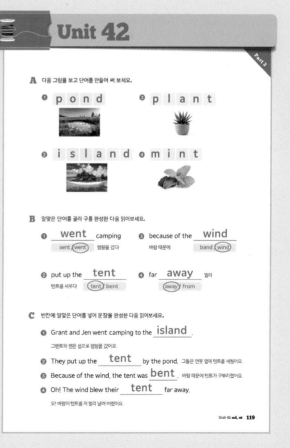

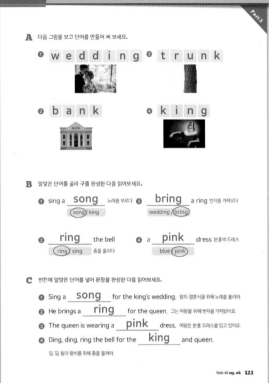

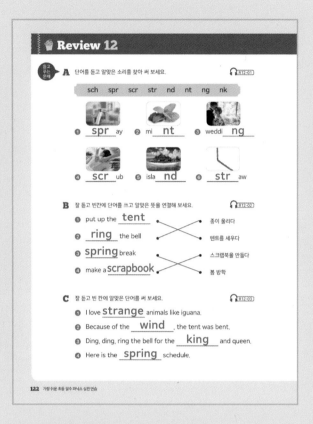

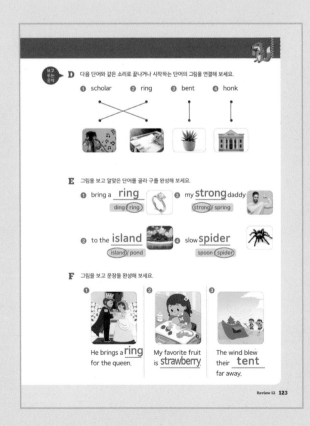

Unit 45

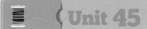

A 다음 그림에 맞는 철자를 분류해서 써 보세요.

(oy)	(oi)
soy, cowboy, royal	coin, voice, point

B 철자를 알맞게 배열해서 단어를 완성한 다음 읽어보세요.

① with his **toy** 장난감을 가지고   ③ a **cool** toy 멋진 장난감
   y, o, t   o, l, c, o

② his **voice** 그의 목소리   ④ too **noisy** 너무 시끄러운
   i, o, c, e, v   l, o, y, s, n

C 빈칸에 알맞은 단어를 넣어 문장을 완성한 다음 읽어보세요.

① A boy has a cool **toy** . 한 소년이 멋진 장난감을 가지고 있어요.
② The toy is a **cowboy** . 그 장난감은 카우보이 인형이에요.
③ The boy is playing with his **toy** . 그 소년은 장난감을 가지고 놀고 있어요.
④ His **voice** is too noisy, so the baby wakes up.
   그의 목소리가 너무 커서 아이가 잠이 깨요.

Unit 45 oy, oi **129**

Unit 46

A 다음 그림에 맞는 철자를 분류해서 써 보세요.

(oa)	(ow)
float, coat, toad	blow, crow, mow

B 철자를 알맞게 배열해서 단어를 완성한 다음 읽어보세요.

① **blow** hard 세게 불다   ③ help the **goat** 염소를 돕다
   l, b, w, o   o, t, g, a

② is rowing a **boat**   ④ is **sail** ing well 잘 나아가고 있다
   배의 노를 젓고 있다 a, o, b, t   a, i, s, l

C 빈칸에 알맞은 단어를 넣어 문장을 완성한 다음 읽어보세요.

① A **goat** is rowing a boat. 염소는 배의 노를 젓고 있어요.
② A **toad** and a crow help the goat. 두꺼비와 까마귀도 염소를 도와줘요.
③ "Let's **blow** ! Blow! Blow hard!" "불어요! 불어요! 세게 불어요!"
④ The **boat** is sailing well. 배가 앞으로 잘 나가요.

Unit 46 oa, ow **131**

Unit 47

A 다음 그림에 맞는 철자를 분류해서 써 보세요.

(ow)	(ou)
town, owl, clown	mouse, shout, house

B 철자를 알맞게 배열해서 단어를 완성한 다음 읽어보세요.

① look **good** 좋아 보이다   ③ a **new** hat 새로운 모자
   o, d, g, o   w, e, n

② little **owl** 작은 부엉이   ④ went to **school** 학교에 갔다
   w, o, l   h, o, s, c, o, l

C 빈칸에 알맞은 단어를 넣어 문장을 완성한 다음 읽어보세요.

① A little **owl** went to school. 작은 부엉이가 학교에 갔어요.
② A **mouse** wore a new hat. 쥐가 새 모자를 썼어요.
③ The little owl **shout** ed out to the mouse.
   작은 부엉이는 쥐에게 큰 소리로 말해요.
④ " **Wow** ! It looks good on you." "우와! 그거 너한테 정말 잘 어울려"

Unit 47 ow, ou **133**

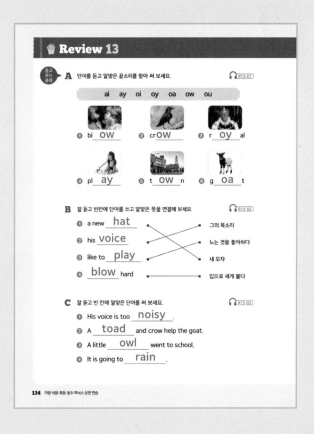

Review 13

A 단어를 듣고 알맞은 끝소리를 찾아 써 보세요. 🎧 R13-01

ai ay oi oy oa ow ou

① bl **ow**   ② cr **ow**   ③ r **oy** al

④ pl **ay**   ⑤ t **ow** n   ⑥ g **oa** t

B 잘 듣고 빈칸에 단어를 쓰고 알맞은 뜻을 연결해 보세요. 🎧 R13-02

① a new **hat** ──┐ ┌── 그의 목소리
② his **voice** ──┤ ├── 노는 것을 좋아하다
③ like to **play** ──┤ ├── 새 모자
④ **blow** hard ──┘ └── 입으로 세게 불다

C 잘 듣고 빈 칸에 알맞은 단어를 써 보세요. 🎧 R13-03

① His voice is too **noisy** .
② A **toad** and crow help the goat.
③ A little **owl** went to school.
④ It is going to **rain** .

134 가장 쉬운 초등 필수 파닉스 실전 연습

Answer Keys 189

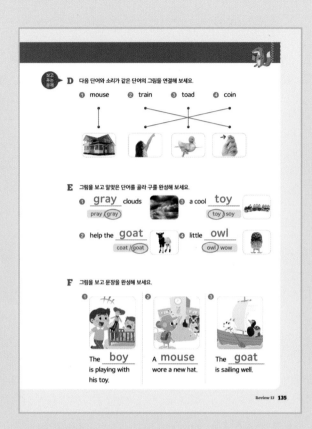

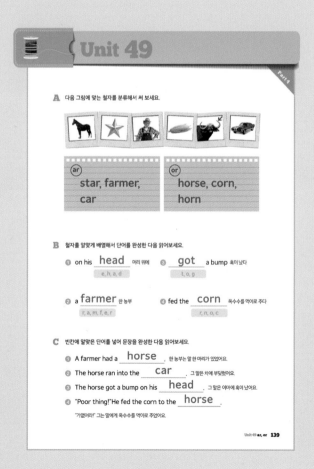

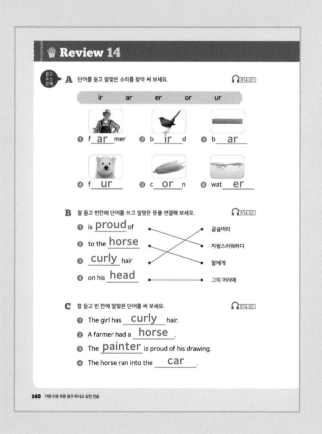

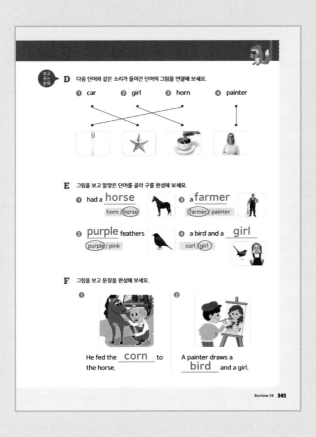

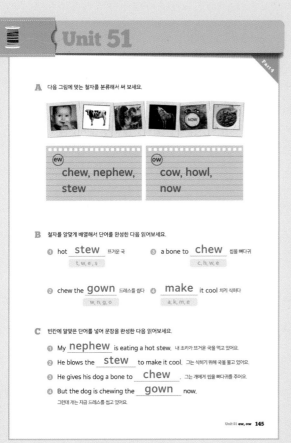

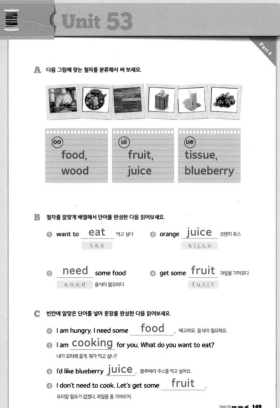

Unit 53

A 다음 그림에 맞는 철자를 분류해서 써 보세요.

(oo)	(ui)	(ue)
food, wood	fruit, juice	tissue, blueberry

B 철자를 알맞게 배열해서 단어를 완성한 다음 읽어보세요.

① want to **eat** 먹고 싶다
　t, e, a

② **need** some food 음식이 필요하다
　e, n, e, d

③ orange **juice** 오렌지 쥬스
　e, i, j, c, u

④ get some **fruit** 과일을 가져오다
　f, u, r, i, t

C 빈칸에 알맞은 단어를 넣어 문장을 완성한 다음 읽어보세요.

① I am hungry. I need some **food**. 배고파요. 음식이 필요해요.

② I am **cooking** for you. What do you want to eat?
　내가 요리해 줄게. 뭐가 먹고 싶니?

③ I'd like blueberry **juice**. 블루베리 주스를 먹고 싶어요.

④ I don't need to cook. Let's get some **fruit**.
　요리할 필요가 없겠다. 과일을 좀 가져오자.

Unit 53 **oo, ue, ui** 149

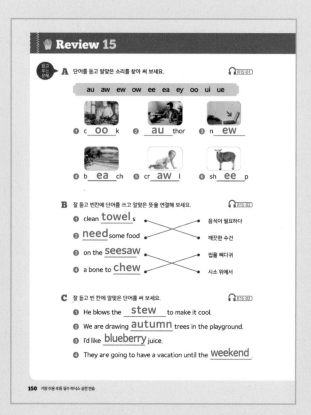

🎩 Review 15

A 단어를 듣고 알맞은 소리를 찾아 써 보세요. 🎧 R15-01

au　aw　ew　ow　ee　ea　ey　oo　ui　ue

① c **oo** k　② **au** thor　③ n **ew**

④ b **ea** ch　⑤ cr **aw** l　⑥ sh **ee** p

B 잘 듣고 빈칸에 단어를 쓰고 알맞은 뜻을 연결해 보세요. 🎧 R15-02

① clean **towel** s ── 음식이 필요하다
② **need** some food ── 깨끗한 수건
③ on the **seesaw** ── 씹을 뼈다귀
④ a bone to **chew** ── 시소 위에서

C 잘 듣고 빈 칸에 알맞은 단어를 써 보세요. 🎧 R15-03

① He blows the **stew** to make it cool.
② We are drawing **autumn** trees in the playground.
③ I'd like **blueberry** juice.
④ They are going to have a vacation until the **weekend**.

150 가장 쉬운 초등 필수 파닉스 실전 연습

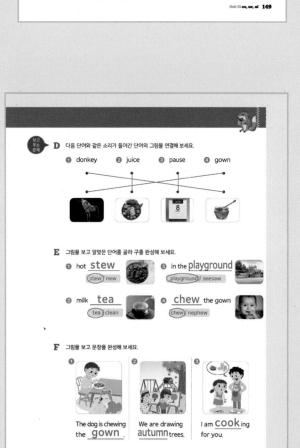

D 다음 단어와 같은 소리가 들어간 단어의 그림을 연결해 보세요.

① donkey　② juice　③ pause　④ gown

E 그림을 보고 알맞은 단어를 골라 구를 완성해 보세요.

① hot **stew**　(stew / new)
③ in the **playground**　(playground / seesaw)
② milk **tea**　(tea / clean)
④ **chew** the gown　(chew / nephew)

F 그림을 보고 문장을 완성해 보세요.

① The dog is chewing the **gown**.
② We are drawing **autumn** trees.
③ I am **cook** ing for you.

Review 15 151